AVERTISSEMENT.

SI Dieu n'y met ordre, il en sera de l'affaire entre les deux branches de Carignan, comme du siège de Troye ou de celui de je ne sais plus quelle bicoque, au douzième siècle, par Louis le gros, qui ont duré dix ans.

En voilà déjà quatre employées et perdues à chercher où est le juge de cette cause, et à demander à une autorité quelconque de s'y reconnaître le pouvoir d'accorder à un enfant de cette famille une provision pour vivre et plaider, sur des droits dont personne ne doute, qui sont même avoués par les offres de ses adversaires.

Une autre bisarrerie de cette affaire, c'est d'avoir sans cesse présenté des points de vue nouveaux, et de varier sans cesse, en roulant toujours sur le même fond. Voilà *déjà six fois que je suis dans le cas de changer le sistême de mes demandes pour M.r de Savoye ; et de-là mes nombreux mémoires, qui de six mois en six mois, ne sont plus que comme de vieux habits, dans une mode nouvelle.*

A voir tout ce qui s'est passé dans ce procès où il y a déjà eû deux rapports par deux ministres ; un rapport et un jugement au conseil d'état ; un jugement d'un Tribunal de première instance ; un examen par le Magistrat qui exerce le ministère public à un Tribunal d'appel ; on croirait qu'elle offre à couper le noud gordien : point du tout : elle contient, dans ses élémens, une solution qui simplifie tout pour les autorités qui en doivent connaître, qui reconsilie les intérêts contraires, qui procure à chacune des parties des avantages bien supérieurs à ses concessions. Elle est expliquée dans ce nouveau mémoire.

Comment donc a-t-on été si long-tems à appercevoir cette vérité salutaire ? dans des circonstances aussi défavorables que celles où les deux branches de Carignan ont ouvert leur procès, une certaine timidité gêne et obscurcit les vues les plus heureuses ; on a toujours sur les lèvres le mót qu'il faudrait dire et on ne le dit pas. Mais enfin de meilleures circonstances viennent ; ce mot, qui éclaircit, fixe tout, échappe à une voix désintéressée, comme le produit nécessaire d'un long examen ; c'est le fruit qui tombe, parcequ'il est mûr ; et il en résulte cette adhésion générale, qu'enfante l'apparition de l'évidence dans une recherche lon-

gue et labourieuse. Vingt lignes du mémoire de M.r Tixier, commissaire du gouvernement au Tribunal d'appel de Turin, auront décidé de la marche, du sistême, de la fin respectivement utile de cet inextricable procès.

Comment encore cette vérité trop tardive, qui fait sortir le salut des deux branches de Carignan, de l'état de détresse et de honte, du désolant scandale dont elles se tourmentent depuis 4 années, ne fait-il pas encore leur joie commune, leur pacification, le but où elles se rallient? C'est que des passions étrangères s'agitent encore au tour des parties; et comme ces passions sont petites en elles-mêmes, il leur est plus difficile de faire un noble sacrifice. L'amour-propre des défenseurs est trop entré dans cette affaire. Sans me croire coupable en rien, je sens que je suis une cause d'irritation. Je me mets en déhors, au moment où je cesse d'être utile. J'invite mes adversaires à en faire autant; je les somme en ceci de leur devoir, de leur honneur, de la délicatesse propre à notre profession; je dois croire d'avance au plein succès de cette mesure.

M.r l'Administrateur Général avait conçu la pensée d'ouvrir une négociation entre les parties, sur cette base nouvelle; elle a été conduite par M.r Tixier; elle a amené des offres et une acceptation qui termineront tout, quand on ne fera plus de ce procès un jeu cruel de l'amour-propre.

Je m'étais toujours promis de désintéresser l'honneur de la seule personne, de qui je pouvais détourner de trop justes reproches ; j'en ai saisi l'occasion avec empressement.

Ce dernier mémoire fait partie de la négociation, qui a eu lieu ; c'est pour cela qu'il est placé entre plusieurs lettres.

Je place ici celle de M.r l'Administrateur Général, qui a tout commencé ; on verra à la fin celles qui tracent l'état de choses où l'on est resté.

LETTRE

*Écrite par l'*ADMINISTRATEUR GÉNÉRAL *à Madame* CARIGNAN *née* SAXE-COURLANDE *en date du 26 frimaire.*

Madame,

J'ai l'honneur de vous prévenir qu'ayant rendu compte au gouvernement, comme j'y suis tenu par ma place d'Administrateur général, du jugement rendu au Tribunal de première Instance de Turin, le premier brumaire dernier, relativement à l'affaire qui existe entre les deux branches de la maison *Carignan*, ainsi que de l'opposition formée par M.r de Savoye-Carignan sur les arrérages de rentes apanagères dues à M.r votre fils, et de la mesure provisoire que j'avais cru devoir prendre, relativement à cette opposition, le grand juge m'a fait connaître qu'il attendait un mémoire détaillé sur toute cette affaire, et le ministre du trésor public a approuvé la mesure prise, quant à l'opposition; et ce, jusqu'à ce que le gouvernement ait pris un parti définitif. Je dois donc avoir l'honneur de vous observer, Madame, que l'opposition se trouve provisoirement maintenue, jusqu'à ce que le gouvernement ait prononcé ; à moins qu'avant cette époque, il n'y ait un accord entre les deux partis.

Il ne dépendra pas de moi, Madame, d'y concourir. C'est même un des devoirs de ma place ; car je suis particulièrement chargé de travailler à tout ce qui tend au bien.

J'avais chargé M.r Tixier, commissaire près le Tribunal d'Appel, de rédiger un mémoire bien clair et bien précis sur cette affaire si extraordinaire : il vient de me le remettre. Je l'ai lu avec la plus grande attention ; ce magistrat pense que l'affaire par sa nature ne peut se résoudre dans les tribunaux, et que le gouvernement a seul le droit de prononcer, ou de soumettre les parties à un arbitrage forcé. Je pense, Madame, qu'un arbitrage forcé pourrait être prévenu par une médiation qui serait plus convenable sous tous les rapports ; car la médiation a un caractère de générosité qui convient particulièrement aux personnes de votre rang.

Je dois d'ailleurs autant qu'il est en moi, Madame, chercher à prévenir tous les embarras que la décision de cette affaire peut donner au gouvernement. Je crois aussi qu'il est utile de faire cesser l'espèce de rumeur, que cette cause occasionne, depuis quatre ans, dans une grande partie de l'Europe, et de ramener les parties aux principes, aux sentimens et aux procédés qui leur conviennent de part et d'autres.

Ne penseriez-vous pas, Madame, qu'il serait honnête et avantageux, que les demandes de part et d'autres fussent clairement exposées dans un mémoire que chacune des parties m'adresserait, et que je ferais ensuite passer au gouvernement ? Toute espèce de chicane, tous ces petits moyens qu'on employe devant les tribunaux, devraient être de part et d'autre soigneusement écartés. Dans une affaire qui intéresse deux branches d'une maison princière, on ne doit employer d'autres moyens, que ceux qui tiennent à l'honneur, à la justice généreuse et libérale : tout ce que font les princes, doit être grand comme eux.

Si même, Madame, vous trouviez convenable, lorsque j'aurais les mémoires de part et d'autre, de donner mon avis particulier, avant de renvoyer le tout au gouvernement ; peut-être alors les propositions que je ferais pourraient-elles terminer l'affaire, et par conséquent éviter au gouvernement des embarras assez pénibles, et aux deux parties, des longueurs qui ne peuvent que leur être préjudiciables ? Si les propositions d'accommodement, que j'offrirais, ne pouvaient convenir aux parties, alors toute l'affaire serait renvoyée au gouvernement : mais dans l'un ou l'autre cas, Madame, le mémoire et exposé des demandes des deux côtés ne peuvent être que très-utiles, puisque, dans la première hypothèse, ils ne mettraient à même de proposer un arrangement mieux raisonné, et dans la seconde, il offrirait au gouvernement plus de facilité pour prononcer.

Soyez bien persuadée, Madame, que je n'ai et n'aurais jamais en vue que le bien commun des deux parties, ainsi que leur repos et leur tranquillité. Ce serait un des plus beaux jours de ma vie, que celui où j'aurais pu terminer un affaire, qui déjà a fait trop de bruit dans le monde.

J'ai l'honneur de vous prier, Madame, de me faire parvenir le plutôt qu'il vous sera possible, vos réponses aux propositions que j'ai celui de vous faire.

Je croirais vous offenser, Madame, si je vous engageais à examiner avec attention la détresse dans laquelle se trouvent M.r de Savoye-Carignan Villefranche et madame sa mère. Il suffit que vous la connaissiez pour exciter toute votre sollicitude.

Permettez-moi encore d'avoir l'honneur de vous observer, Madame, que toute la ci-devant noblesse Française n'a jamais pu voir un mariage inconvenant, entre M.r le prince Eugêne de Carignan et mademoiselle Magon, fille d'une maison ancienne et respectée. Plus de cent maisons, ci-devant nobles en France, ont eu des alliances directes avec la ci-devant maison royale de France. Je ne vous présente cette observation que pour vous faire connaître quel peut être en général l'opinion de la France sur le fonds de cette affaire. — Il ne s'agit donc plus ici, Madame, que d'affaires d'intérêts: Or qui mieux que ceux qui sont nés dans un rang élevé et qui par conséquent ont dû recevoir une éducation libérale, peuvent en venir à un résultat prompt et heureux sur des discussions de cette espèce?

J'ai l'honneur de vour prévenir, Madame, que j'envoye copie de cette lettre à M.r de Lacretelle, afin qu'il me fasse connaître l'état précis de ses demandes, et si en total il adopte mes propositions.

Pourrais-je espérer que d'ici à trois jours vous eussiez la bonté de me faire connaître vos intentions. Je propose le même terme à M.r de Lacretelle.

J'ai l'honneur etc.

Madame,

Signé, MENOU.

Pour copie conforme,
Le Gén. MENOU.

[illegible] Magasin [illegible] d'une maison [illegible] de vos-[illegible] ont eu des alliances [illegible] avec la [illegible] maison royale de France. Je ne vous présente cette considération que pour vous faire sentir quel prix doit [illegible] l'opinion de la France sur les [illegible] de cette [illegible]. Il ne s'agit donc plus ici, Madame, que d'établir [illegible]. Or qui mieux que ceux qui sont nés dans un rang élevé et qui par conséquent ont dû recevoir une éducation libérale, peuvent en venir à un résultat prompt et heureux sur des discussions de cette espèce?

J'ai l'honneur de vous prévenir, Madame, que j'envoyé copie de cette lettre à Mr. de Lacretelle, afin qu'il me fasse connaître l'état positif de ses demandes, et si en total il adopte mes propositions.

J'espère que d'ici à trois jours vous aurez la bonté de me faire connaître vos intentions. Je propose le même terme à Mr. de Lacretelle.

J'ai l'honneur etc.

Madame,

Signé, MENOU.

Pour copie conforme,

Le Gén. MENOU.

MÉMOIRE

SUR L'ÉTAT ACTUEL DE LA MAISON DE CARIGNAN.

Si l'on compare l'état actuel de la maison de Carignan réduite par la capitulation de l'an 7 à la seule conservation *de ses biens et propriétés*, avec son état de splendeur, lorsqu'elle tenait à la fois à la cour de Sardaigne, comme la plus ancienne branche de l'antique maison de Savoye, et à la maison de France dont elle descend aussi, et qui lui avait constitué, comme un second apanage dans un traitement héréditaire de 160,000 ll.; on la croirait rentrée dans la position commune des familles nobles en France et en Piémont.

Si on examine la querelle intestine, dont elle occupe la France et le Piémont depuis 4 ans, et encore sans recueillir, dans ce débat, cette vive attention du public, ce choc des opinions, qui attestent que des grands intérêts ou des personnages imposants sont sur la scène, on croirait qu'elle est poussée par de secrets ennemis à achever, par le scandale et le mépris, sa dégradation politique.

Si on la voit relativement à la royale maison de Savoye,

elle en paraît comme détachée, puisqu'elle cherche ailleurs que dans le chef de cette maison où est le régulateur des droits entre ses membres, le pacificateur de ses troubles, l'arbitre de ses intérêts.

Si on la considère relativement au gouvernement Français, on voit bien qu'elle est sous son empire, mais non sous sa protection. Elle l'embarasse de ses procès, le fatigue de ses demandes contraires ; mais le gouvernement ne trouvant rien dans l'ordre des choses nouveau qu'il régit, qui s'applique à elle, va être conduit à lui fermer les tribunaux, où elle agite des questions inconvenantes pour lui, et à lui ordonner de terminer ses contestations par un *arbitrage forcé*, puisqu'elle ne sait pas les finir par ces convenances de famille, qui étaient son droit domestique.

D'où tout cela vient-il ?

De ce qu'au lieu de relever le plus proche parent d'un malheur né des révolutions, on a voulu s'armer de son malheur même, pour consommer en lui la spoliation d'un héritier ; de ce qu'on a oublié la dignité de la famille, pour ne se livrer qu'à de sordides calculs d'intérêt ; de ce qu'avec le dessein de lui assurer un sort quelconque, on a préféré, pour lui faire la loi, une cruelle oppression, qu'il a osé braver, à la noble protection, qu'il invoquait ; de ce qu'on a voulu traiter, comme au palais, un affaire où il n'y avait rien pour le palais.

Comment tout ceci pourrait-il changer ? Comment la maison de Carignan pourrait-elle reprendre sa considération dans le Public, sa place dans la maison de Savoye, l'attitude respectueuse, mais digne, qui lui convient devant le gouvernement Français ; finir ses querelles, en reserrant les liens naturels entre ses membres ; se fortifier des moyens d'une prospérité commune, que chacun d'eux peut fournir ?

En rentrant enfin dans les principes, dans les vues, dans les combinaisons, qui lui sont propres.

Le procès avec le jeune Savoye, par une faveur particulière de la fortune, et par le point où il est arrivé, offre une dernière occasion, mais qu'il faut se hâter de saisir, de tout replacer dans cette maison, de lui rendre moins funestes les événemens passés, plus favorables les événemens futurs.

Le développement de cette idée est l'objet de ce mémoire.

DE LA MAISON DE CARIGNAN CONSIDÉRÉE DANS SES BRANCHES.

JE ne me propose pas ici de reprendre toutes les discussions du procès; je ne veux rien traiter sous l'aspect judiciaire, mais tout rapporter à ces intérêts d'une grande famille, à ces principes d'une famille hors de l'ordre commun, dont se compose sa constitution particulière.

Je parts d'un point de fait pleinement éclairci aujourd'hui; c'est qu'il existe, dans tout le sens et toute l'étendue du mot, *une branche cadette* dans la maison de Carignan.

C'est l'expression par laquelle les chef-rois de la maison de Savoye désignent le fils du prince Eugène; qui que ce soit ne peut contester le fait, refuser la dénomination, lorsqu'elle est employée par les seuls juges de cette qualité.

Une branche cadette peut-elle exister, sans tous les droits ordinaires ? L'infériorité dans la naissance, du côté de la mère, peut-elle ôter les droits princiers, les prérogatives d'honneur, *à une branche cadette*? cela implique contradiction.

De plus, les principes, les actes, des déclarations positives, mettent hors de discussion la pleine et complette légitimité du fils du prince Eugêne; il est dans la famille de Carignan et par conséquent dans celle de Savoye, tout ce qui y était son père.

Les principes: dans le droit universel des nations, tout mariage donne une complette légitimité, quand il se trouve revêtu de toutes les formalités du pays où il a été contracté. On ne peut qualifier de mariage de *la main gauche* celui qui a eu lieu sous des loix, qui n'ont jamais adopté ce genre de mariage; or celui du prince Eugêne a été contracté en France; et les effets en sont reclamés en Piémont, devenu une partie de la France.

Il fallait de plus, dans le mariage d'un membre d'une famille royale, la permission du roi : personne ne conteste qu'il n'y ait eu une permission *pour la réhabilitation du mariage du prince Eugêne*, avec mademoiselle Magon : or la réhabilitation d'un mariage, par un principe aussi connu qu'il est certain, en reporte l'effet à l'époque du mariage, qui était à réhabiliter : par conséquent les loix sur *les mariages inférieurs* dans la maison de Savoye, ne peuvent renverser des droits, qui se trouvent leur avoir préexisté.

Ces loix d'ailleurs veulent deux conditions réunies, pour donner lieu à la peine qu'elles établissent : mariage avec une personne d'état inférieur, et sans permission : des deux conditions, une seule se rencontre ici.

Elles exigeraient aussi une application formelle de la peine, dont le père a été relevé *par une grace spéciale*, aux enfans : car tout est de rigueur, quand il faut frapper les innocens, lorsque le coupable a été absous ; or cette exclusion des droits communs, que le Législateur s'était reservée d'appliquer ou de ne pas appliquer, ne l'a jamais été, ni directement ni indirectement.

Donc les *lettres-patentes du* 17 *septembre* 1780 ne peuvent atteindre en rien le fils du prince Eugêne.

Les actes et les declarations des Autorités compétentes : les lettres-patentes de 1788 *sur la tutelle* du jeune Savoye, enregistrées au Parlement de Paris, avec convocation des Pairs, présentent dans les expressions et les formes, l'énonciation positive de l'état d'un enfant né dans une famille, qui tenait tout ensemble à la maison de Bourbon et à celle de Savoye.

Les rois de Sardaigne tout récemment, et dans ce procès où on lui contestait sa naissance, se sont expliqués de nouveau sur son état : ils l'appellent *leur proche parent, un Prince de leur maison, la branche cadette* de celle de Carignan: ils attestent qu'il était placé sous leur jurisdiction de famille : ils le retiennent encore sous cette honorable dépendance, *par l'agrément* même, qu'ils lui donnent de poursuivre ailleurs ses droits, dont ils proclament la *légitimité*; ne pouvant, dans les circonstances actuelles, en connaître.

Le gouvernement Français, sous l'empire duquel est tombé l'apanage de sa famille, qui avait intérêt à écarter sa successibilité à cet apanage, s'est empressé de la reconnaître, après une discussion contradictoire sur les effets de sa naissance; il a posé en fait qu'il était *héritier, successeur, représentant du prince Eugêne en tous droits, raisons, et actions.*

Remarquons ici que M.r de Savoye, ne pouvant recevoir la plénitude de ses droits de naissance, que du concours de l'ancien et du nouveau gouvernement du Piémont, a cet avantage, que l'aveu de l'un entraine celui de l'autre: en effet si M.r de Savoye est reconnu *Prince de cette maison* par les rois, le Gouvernement Français ne peut lui refuser tout ce qui résulte de cette qualité: d'autre part, si le gouvernement Français lui accorde la successibilité *à un apanage*, les rois de Sardaigne ne peuvent l'exclure de la liste des membres de la famille, puisqu'il en possède déjà le droit le plus éminent.

Tous les intérêts, tous les bons sentimens concoureraient aujourd'hui à le lui conférer, s'il n'en était déja investi par des titres irrévocables. Les rois de Sardaigne peuvent-ils vouloir, que faute de la qualité de prince, leur parent soit dépouillé de l'apanage; pour que, dans le cas de défaillance dans la ligne aînée, l'apanage tombe au domaine de la République Française? Manqueront-ils de la générosité naturelle, en lui ôtant cette qualité, qui lui fait aujourd'hui une utile décoration, un droit à de nobles éventualités, une richesse d'opinion et d'espérance, d'où peuvent dépendre pour lui plusieurs genres de fortune, s'ils sont sécondés par son mérite?

La branche aînée de Carignan à son tour peut-elle préférer d'avoir pour successeur le fisc, au lieu du seul héritier du sang, du seul successeur du nom? Aimerait-elle mieux la dotation d'usage, que le domaine aurait à faire à mademoiselle de Carignan, que la dotation plus libérale, que lui ferait le plus proche parent, sous l'arbitrage du chef de la famille? Tout cela serait le comble de l'inconvenance, de l'immoralité, de l'absurdité.

Tout cela cependant a été fait sous le nom de madame de Carignan, et avec un caractère qui augmentait le scandale; car madame de Carignan, n'avait nullement le droit d'agiter une question d'un ordre politique, ni surtout de contester ce qui était décidé par des gouvernemens. Ce n'est pas la plus cruelle des injustices que

M.r de Savoye ait essuyé dans sa famille : mais c'est la plus grave par l'irrévérence, qu'y était jointe.

On n'a pu reconnaître l'ame, ni l'esprit d'une princesse de Carignan, dans cette conduite. Où on se flatte de les retrouver, c'est dans son concours au moyen le plus facile de faire constater l'état de M.r de Savoye.

Il a voulu reserver toute entière cette question pour le chef de la haute famille où il a l'honneur d'être placé. Il reconnaît avec satisfaction, qu'il a ici encore un nouveau bienfait à recevoir du roi de Sardaigne. Les lettres patentes de 1788 n'ont rien prononcé sur la vocation à l'apanage, dont elles semblaient même l'exclure par sa destination aux vœux des chevaliers de *Malte.* L'arrêté du Conseil d'État ne pouvait lui conférer une qualité, qui n'existe plus en France, celle du Prince dans une maison royale; les lettres des rois ne forment pas des titres assez autentiques. Il lui faut d'autant plus un titre formel sur la qualité, qu'elle lui a été déniée dans des mémoires publics; et qu'un absurde jugement d'un Tribunal de première instance, en mettant sur les pièces du procès, a déclaré que l'arrête du Conseil d'Etat n'avait rien jugé sur cette question, qu'elle restait encore indécise. Cependant comment rejuger par le Conseil d'Etat, si le procès ne doit plus aller devant lui? Comment juger par les rois de Sardaigne sur un point, où les nobles temoignages de leurs lettres ont toujours fait croire, qu'il n'y avait pas de doute? Il n'y a donc qu'un acte de la juridiction de famille, par le roi, qui puisse consacrer, sans aucune affectation, sans embaras, quant aux formes de la declaration, la pleine et entière représentation du prince Eugêne dans le jeune Joseph de Savoye. Ce serait là un motif prédominant pour lui de demander un acte de famille, pareil à celui de 1779, quand même il ne servirait qu'à faire intervenir la sanction du roi et la présence de tous les princes de la famille, à des stipulations, dont on serait d'accord.

On va établir toute à l'heure qu'un tel acte n'est pas moins nécessaire à l'intérêt de la branche aînée. Ainsi, en adhérant à ce mode d'un traité entre les deux branches, madame de Carignan aura un devoir essentiel envers ses enfans à remplir, en même temps qu'une bienveillance réparatrice à exerçer envers le plus proche parent et l'héritier présomtif de ses enfans.

Une seconde branche ne peut exister dans la maison de Carignan, pour vivre dans une misère dégradante; encore moins pour y périr dans un dénuement absolu. Ce n'est pas envain qu'un superbe apanage a été fondé pour toute la branche; là est un droit, par cela seul que là est un besoin. Là vient concourir, avec les affections de la proche parenté, une loi impérieuse, la dignité d'une telle famille. Les familles de cet ordre n'étaient pas autre fois élévées si haut, pour n'offrir que cette insensibilité, cet égoïsme, cet esprit sordide, qui révoltent jusques dans les dernières classes du peuple, et dont elles font justice entr'elles par des affronts publics. Quelque soit la cause de l'indigence de la seconde branche, elle doit trouver une ressource assurée dans l'opulence de l'autre branche.

Voulez-vous maintenir votre considération, n'écoutez que l'opinion publique, qui vous impose ce devoir. Voulez-vous encourir cette mésestime, sous laquelle s'effacent tous ces grands souvenirs, qui vous restent toujours, quand vous avez perdu la distinction des privilèges et la pompe des honneurs; allez chercher vos règles dans les rigueurs du palais; faites des raisonnemens de palais; et concluez qu'il n'est dû *chose quelconque*.

On est enfin sorti de cet odieux système; et c'est par la nécessité de rappeller les faits, qu'il m'échappe encore, malgré moi, des paroles irritantes.

Mais qu'est-il dû à la branche cadette? Ici je vais encore éloigner les questions litigieuses; je ne m'arrêterai qu'aux principes, aux usages, aux convenances d'une telle famille.

La maison de Carignan n'est pas seulement une branche d'une famille royale; elle est encore une branche apanagère; et de-là lui vient une constitution, qui lui est propre. Un apanage n'est pas un bien comme un autre; c'est un démembrement du domaine d'une couronne, toujours reversible à la couronne : l'usufruit seul en est aliéné ; il l'est pour l'honorable existence de toute la branche ; mais il n'est possédé que par les mâles, et passe aux cadets, au défaut de la ligne mâle des aînés.

Un tel genre de possession exclut, par sa nature particulière, l'application du droit civil : ici, point de légitime ; point de distraction, comme sur les autres primogénitures, pour en faire une légitime ; à moins qu'on ne constitue un nouvel apanage par un démembrement du premier. Seulement un *entretenement honorable* pour les cadets et des dots pour les filles.

Il s'ensuit que nulle renonciation ne peut porter sur le droit apanager, parcequ'il ne peut être un lot dans un partage ; on le possède pour soi, on le transmet à ses enfans, non par succession, mais comme un titre de famille. C'est ainsi que le fidéicommissaire principal possède lui-même.

Cette notion résout à elle seule toutes les difficultés de l'acte de 1779, quant à l'apanage.

Voyons maintenant ce qui a eu lieu, tant pour le prince Eugêne, que pour son fils.

Le père a eu une pension pour sa part dans les biens libres et pour son droit *sur ceux affectés à l'apanage.*

Il en a eu une autre sur les pensions héréditaires de la famille, en France.

De plus, un régiment, avec un traitement fixe de 20,000 ll.

On s'est contenté d'assigner pour le fils 21,000 ll. de pensions, parcequ'on avait pourvu à ses affaires par d'autres dons, et qu'on lui reservait des bénéfices ecclésiastiques, comme chevalier de *Malte*.

Comment le fils n'a-t-il plus, même les moyens de la stricte subsistance?

Parceque le père a laissé à l'aîné de la famille sa part dans les biens libres, moyennant une pension, dont il n'a joui que pendant cinq ans.

Parceque ses pensions à lui-même, assignées en France, ont péri par la révolution Française.

Quelque fois il est permis de restreindre les dotations de convenance, que l'on est toujours tenu d'accorder, dans des familles, comme celle-ci, à des enfans de la maison: c'est lorsque, par eux-mêmes ou leurs pères, ils ont déja épuisé d'autres avantages plus ou moins considérables. Mais ici, dans les causes et dans les effets, vous ne trouvez rien, qui ne rende le droit plus recommandable, le malheur plus intéressant.

Et cependant c'est à un tel malheur, qu'on a été jusques à retirer une chétive pension alimentaire, constituée d'autre part? mais n'appuyons plus sur cette partie toujours douloureuse; on veut enfin rendre un établissement convenable; ne voyons plus que cela.

Qu'elles en doivent être les bases ?

Il est évident d'abord que le sort du jeune Joseph de Savoye doit être fixé différemment, suivant la position de la fortune commune.

Tant que l'apanage subsiste, il ne lui est dû qu'un traitement transmissible à ses successeurs. Mais il conserve son droit éventuel à la succession de l'apanage : tels sont les principes sur ce genre de possession.

Si l'apanage venait a être patrimonialisé, les règles du droit civil se placeraient ici ; et il faudrait en distraire une portion équivalente a une légitime, pour la branche cadette.

Ne raisonnons que sur l'état de choses actuel, où l'apanage se trouve encore conservé.

Le traitement, qui revient à M.r de Savoye, doit naturellement émaner de ses propres titres.

Deux pensions, montant ensemble à 21,000 ll. tournois, avaient été constituées, pour lui, par les rois de France et de Sardaigne, indépendamment de plusieurs autres secours ou avantages temporaires.

Ce traitement répond à la moitié de celui de son père par l'acte de 1779 ; et dans ce sens, le fils hérite réellement du sort de son père. Telle est la modification simple et naturelle, avec laquelle l'acte de 1779, peut rester la loi des parties.

Les pensions de France, ainsi supposées représenter le

droit héréditaire de M.r de Savoye, ne peuvent lui être rendues qu'avec les arrérages, sous la compensation de ce qui lui a été fourni : c'est un capital que M.r de Savoye a amassé par sa longue misère, et dont tous les principes, toutes les considérations lui assurent l'entier payement.

Lui demander de se reduire à moins, c'est vouloir qu'il transige au dessous de ses titres, lui imposer des sacrifices.

Cela se peut néanmoins, s'il y a des causes suffisantes.

Apprecions celles qu'on allègue :

1. La branche aînée a fait des pertes considérables.

Cela est vrai. Mais il n'en est pas moins certain, que les biens-fonds et les rentes de l'apanage fournissent encore un revenu de plus de 300,000 ll. Cela suffit bien, pour ne pas priver l'héritier de la branche cadette d'un traitement de 21,000 ll. ; ce n'est qu'un 15.me sur la masse des revenus.

2. La maison, en sus de ses pertes, est encore accablée de dettes et de charges.

Manquant de notions précises sur l'espèce et la quotité des dettes, je n'en puis rien dire.

Je me borne a relèver deux faits, qui écartent cette objection.

D'abord, M.r de Savoye ne reclame rien que sur l'apanage; et l'apanage n'a point de dettes; tout au plus des charges, qui auraient été constituées par des lettres patentes du roi ou des arrêts du sénat; cela ne peut aller loin.

Ensuite, il faut distinguer dans les autres charges ou dettes, celles qui viennent du prince Louis, ayeul commun, souche des deux branches, et qui affectaient toute sa succession, de celles qui ne se rapportent qu'aux successeurs du prince Louis, dans la branche aînée.

Sur les dettes propres à la succession du prince Louis, il n'y a rien à demander à M.r de Savoye; car on a articulé que les dettes de cette succession ne dépassaient pas 120,000 ll., et que la masse des biens libres était d'1,670,000 ll. Or le prince Eugêne a abandonné sa part dans les biens libres; il n'a rien reçu, que sur l'excédant; et il s'en faut encore de beaucoup qu'il l'ait épuisé; donc il a consommé toute sa part dans les seules dettes, dont il était tenu.

De plus, il a été stipulé, dans l'acte de 1779, que sa pension serait affranchie de toutes dettes et charges: le prince Victor lui en avait garanti la pleine et libre jouissance.

Cette garantie s'applique, par une conséquence nécessaire, à la pension du fils.

Quant aux dettes qui proviennent des pères de l'héritier de la branche aînée, c'est à lui seul à les supporter; et c'est pour cela qu'il a recueilli tous les biens de la famille.

Enfin il est clair, que dans les combinaisons qui ont eu lieu, le prince Eugêne et son fils ont cessé d'être des héritiers, pour n'être que des titulaires de *portions congrues*. Or il est de principe que des portions congrues ne s'amoindrissent jamais, à moins qu'elles ne viennent à dépasser le montant d'une légitime sur toutes natures de biens; et assurément on est bien loin de là.

Il est le premier des pensionnaires de la maison: il l'est par les droits de sa naissance, par des titres privilégiés. Comment voudrait-on lui faire subir une reduction, qu'on ne pourrait demander à tout autre pensionnaire?

Tout se réduit donc ici à l'examen des convenances rélatives, d'après l'état actuel des choses dans la famille.

L'héritier de la branche aînée, déduction faite des charges et dettes, a-t-il encore le moyen d'exister, comme il lui convient?

L'héritier de la branche cadette a-t-il, dans les pensions et le capital qui lui résultent de ses arrérages, plus qu'il n'est necessaire à l'acquittement de ses propres obligations et à son honorable entretien?

Arrêtons-nous un moment sur ces deux questions.

M.r Albert de Carignan est possesseur d'un apanage de 300,000 ll. de rente, qui ne doit rien qu'un reliquat sur les dottes des princesses ses tantes et le traitement, avec les arrérages, de M.r de Savoye. Voilà, je crois, toutes les charges qui peuvent affecter l'appanage, en y ajoutant le douaire de madame sa mère et la dôt de mademoiselle sa soeur. Mais il a actuellement et dans cette année même, 345,000 ll. d'arrérages à toucher. Il est clair qu'il a de quoi payer toutes ses charges, et conserver encore pour lui un beau revenu; d'autant plus qu'il est maintenant affranchi du devoir, qu'avaient ses pères, de la représentation d'un prince du sang dans une monarchie et une cour.

L'honneur l'invite sans doute à payer, avec les revenus de l'apanage, les dettes qui n'affectent que les biens libres, plutôt que de faire la cession de ceux-ci aux créanciers. Mais enfin on n'a pas encore pris cet engagement pour lui; et tandis qu'il peut encore faire cette cession, il n'a pas le droit de faire concourir son cousin à des dettes, dont on lui a reservé la faculté de s'affranchir. D'ailleurs si l' honneur l'oblige ici, il n'en n'est pas de même de son cousin; tout au plus, il serait de la délicatesse de celui-ci, dans la nécessité bien vérifiée pour M.r Albert de Carignan de ne pouvoir payer les dettes, sans perdre le revenu, qui lui est convenable, de rendre à la branche aînée les 50,000 ll., qu'elle lui avait accordées pour le payement des dettes de son père; voilà, ce me semble, le *maximum* des sacrifices qu'on pourrait lui demander.

Il est encore une autre créance qu'il faut faire entrer dans un arrangement définitif; c'est la part de M.r de

Savoye dans la succession de la Princesse *Charlotte*. Tout est encore marqué dans cette succession, des mêmes procédés, des mêmes bizarreries. L'hoirie est ouverte depuis neuf ans, et elle n'est révélée que de l'année dernière. Il fallait en constater les valeurs avec ces formalités plus sévères, qu'exige un compte avec un absent et un mineur : et il n'y a point d'inventaire ; et on a retiré comme à soi un grand nombre d'effets, sans aucune contradiction, sans la présence de qui ce soit pour le mineur et l'absent ; et beaucoup d'effets sont indiqués, sans être décrits ; et les plus considérables n'existent plus, pour être évalués ! Comment sortir de cet abyme ? On ne le peut que par une composition. M.r de Savoye offre de remettre à des arbitres cette liquidation, qui ne peut réellement se faire que par des conjectures.

Le procès a assez fait connaître comment M.r de Savoye a été traité jusques à ce jour, dans sa famille ; ce n'est pas des sentimens ni de pitié ni de colère, qu'on veut reveiller à cet égard ; mais il est impossible de ne pas présenter de tels malheurs, de telles pertes. Il est certain que Madame de Carignan Villefranche n'a reçu pour son fils, sur ses droits héréditaires, pendant douze ans, que 44,000 ll.; c'est moins de 3000 ll. par année : qu'on se figure, comment ils ont dû vivre : comment ils ont été obligés de sacrifier tout ce qui avait un prix dans leur mobilier ; à quel prix ils ont dû surpayer tout ce qui leur était fourni, à crédit; toutes les mauvaises opérations auxquelles il a fallu souscrire: ils périssaient inévitablement, sans des secours d'une rare générosité de la part de quelques amis, sans le dévouement d'un défenseur, dont le zèle s'est accru de l'impossibilité d'en trouver un autre: la mère a failli perdre la vie dans les angoisses de cette détresse, et le fils a perdu toute l'instruction qui convenait à ses heureuses qualités; il est encore à solliciter les moyens de la commencer, à l'âge de 20 ans, et lorsqu'il a à suivre sa carrière militaire; et ils ont une masse de dettes qui passe 60,000 ll; de plus, tous les frais, toutes les dépenses d'un procès, qui dure depuis quatre ans, qui s'est porté de Paris à Turin: tout ce qu'ils ont éprouvé, tout ce qu'ils ont à reparer ne sollicite-t-il pas pour eux un ample dédommagement? La branche aînée de Carignan a-t-elle quelque chose à opposer, pour s'y soustraire? Quel est le juge, quel est l'arbitre, quel est le conciliateur, qui pourrait écarter une telle reclamation?

Ainsi le retablissement des pensions de France; le payement des arrérages; la valeur présumée de l'hoirie de la princesse Charlotte; le dédommagement des procédés les plus injustes, des malheurs les plus immérités; voilà les dettes nécessaires de la branche aînée de Carignan envers la branche cadette. On vient d'établir qu'il est autant de sa position de fortune, que des règles de la justice et de l'honneur, de les acquitter pleinement.

Néanmoins il serait permis de chercher ce qui peut les affaiblir, d'imposer ici des sacrifices, si la masse de ces créances composait à M.r de Savoye une fortune qui dépasserait ce qui était d'usage pour un prince cadet de la maison de Carignan.

Examinons encore la chose sous ce point de vue.

On aura beau effacer toutes les grandeurs autour de ces maisons royales; elles voudraient envain s'effacer elles-mêmes par la simplicité de leurs mœurs et la stricte rigueur de leurs dépenses: elles ne le pourront jamais, que jusqu'à un certain point: ce sera l'opinion publique, là qu'elle se choquerait peut-être de les voir reparaître dans leur ancien splendeur, qui leur commandera, comme attribut des souvenirs qui les environnent, quelque chose de plus imposant, et surtout de plus libéral dans leurs manières de vivre et de se conduire.

Or, pour porter au service Français où le gouvernement a rappelé lui même une noble représentation, un nom qui le raille à la destinée encore indéfinie de sa royale maison, pour porter un nom aussi antique, aussi illustre que le sien, M.r de Savoye, ses dettes payées, les reprises de sa mère soldées, aura peut-être 20,000 ll. de rente! et on croit traiter avec magnificence le cadet de Carignan, en lui offrant tout au plus la moitié de ce traitement! Qu'on songe que ces 20,000 ll. ne font que le 5.me de tout ce que réunissait son père, et le 15.me de la masse de l'apanage.

Cependant il ne prétend pas plus faire la loi que la recevoir. Voilà ses demandes; que Mad. de Carignan les combatte, qu'elle veuille les réduire à ses offres; mais qu'un arbitre en décide. Nous dirons tout-à-l'heure qu'il y a ici un arbitre constitué; quel il est; combien il est propre, par les ressources qu'il peut ménager dans l'avenir, à diminuer pour la branche ainée la créance actuelle, sans amoindrir les droits acquis et les droits de convenance de la branche cadette.

Mais auparavant il faut réfuter une nouvelle erreur où Mad. de Carignan parait se laisser entraîner, même dans la marche nouvelle qu'elle adopte.

Elle fait des offres, qui me semblent monter tout juste à la moitié des droits de M.r de Savoye. C'est déjà revenir de bien loin, quand on a soutenu, pendant 4 ans, à la face du Public, à la face et du gouvernement Français, et des Tribunaux de Turin, à la face des chefs et des princes de la maison de Savoye, toujours présents de la pensée à la discussion de cette affaire de famille, qu'il *n'était dû chose quelconque.*

Mais, en faisant des offres qu'elle peut, sans encourir aucune espèce de reproche, regarder comme suffisantes, et ne vouloir pas dépasser, Mad. de Carignan prétend qu'on les accepte purement et simplement, et qu'il en résulte un arrangement définitif, qu'il n'y ait plus qu'à l'égaliser par les formes judiciaires.

Il y a dans ce plan plusieurs méprises évidentes et des injustices, ou des inconvénances du genre le plus grave. Premièrement, les offres de Mad. de Carignan, telles que M.r Tixier me les a expliquées, seraient un démembrement de 15,000 ll. des rentes appanagères, affecté à M.r de Savoye et à sa postérité dumoins en partie; plus un capital de 100,000 ll. d'une part, et une somme de 30,000 ll. d'une autre: celle-ci payée à l'instant. Du reste, une pleine reconnaissance de la vocation de M.r de Savoye à l'apanage, vacance arrivant dans les successeurs mâles de la branche aînée.

Or, il est certain que nous dépendons tous ici, par une honorable et utile déférence, de la jurisdiction du chef de la famille; qu'il a attesté dans cette cause, et entendu maintenir sa jurisdiction de famille; qu'il est au moins du respect et de la reconnaissance que nous lui devons, de lui demander son *approbation* à nos actes, de le rendre arbitre *de la convenance de nos accords*, comme son prédécesseur le fut dans l'acte de 1779. Il est certain encore, qu'il a un intérêt direct et personnel *dans nos accords*. Il est intéressé à ce que chacun des membres d'une branche de sa famille reste dans la situation où il la veut, et à interposer son autorité paternelle, pour que toutes choses répondent à la dignité de la famille; et ici je déclare que Mad. de Carignan peut l'invoquer dans son sens, comme nous dans un sens différent : nous ne pouvons méconnaître son intervention, sans risquer de la voir un jour se tourner contre nos stipulations. Je suppose en effet que le roi de Sardaigne vienne à traiter prochainement avec le gouvernement Français : ne sera-t-il pas en mesure de dire : il s'est fait contre l'usage de ma famille et ma prérogative de chef-roi, une convention dans la branche de Carignan, en dehors de ma présence, et sans *mon approbation* : j'en demande la revision devant moi ou qu'il y soit fait telles modifications ?

Nous ne pouvons donc, sans manquer à un devoir, sans blesser le droit d'une jurisdiction qui nous est propre, sans compromettre la sûreté de notre acte, nous passer de l'approbation du roi de Sardaigne. Il est vrai qu'il n'a plus de pouvoir coercitif sur nous ; c'est un motif de plus de lui témoigner une déférence plus libre : il est vrai qu'il existe dans un autre pays ; mais par cela même qu'il reste toujours notre chef de famille, l'ancien juge, l'arbitre constitué et le garant de nos actes antérieurs, nous avons toujours le droit, comme le devoir, d'aller à lui ; on a qui l'on veut pour arbitre ; on va le chercher où il est, lui demander son office de paix et de protection. Et qui doute que le gouvernement Français, non seulement nous donnera toute licence d'aller à notre chef de famille, de réclamer entre nous son arbitrage ; et même qu'il n'applaudisse à cette manière plus noble et plus convenable de terminer nos différends, dont nous l'avons déjà beaucoup trop occupé, et dont nous le menaçons de l'importuner encore?

De plus, nous dépendons aussi, dans l'état actuel des choses, du gouvernement Français : toute convention entre nous, même celle qui serait passée sous l'approbation du roi de Sardaigne, aurait encore besoin d'être ratifiée par le premier Consul. L'apanage de Carignan est une propriété domaniale, dont l'usufruit seul est aliéné aux héritiers et descendans de cette maison. Le gouvernement nouveau succède à la prérogative du précédent. C'est à lui à disposer, non plus comme chef de famille, mais comme régulateur d'un domaine public, du partage qui s'en fait entre les ayant cause. Or, le Premier Consul ayant ici un droit de protection, un pouvoir de libéralité, une prérogative de chef suprême du gouvernement à exercer, nous appartien-t-il de l'en dépouiller? Et croyons-nous qu'il nous accorderait de méconnaître même cette chétive partie de ses attributions? Qui nous assure encore, qu'il n'aura pas ici à employer des vues de politique? La famille de Carignan ne peut être ni devenir en France une famille ordinaire ; elle est branche d'une maison royale, qui conserve encore une de ses couronnes, qui peut, par des combinaisons politiques de toute espèce, retrouver une importante souveraineté : sans aller plus loin, la maison de Lorraine fut, pendant 60 ans, dépouillée de son duché; et elle siége aujourd'hui sur un des trônes les plus affermis de l'Europe. Le Premier Consul porte ses vues trop loin, même dans des choses qui paraissent petites, pour qu'il ne voye pas qu'une opération sur les biens de cette famille, sur l'existence de ses individus, doit se coordonner avec des vues d'un autre genre.

Croira-t-on du moins, qu'ayant le droit de fixer le sort da la branche cadette de cette maison, il dédaignera de vouloir la défendre de l'oppression qu'on voudroit exercer sur elle? Croira-t-on qu'il voudra consacrer une nouvelle exagération des anciens privilèges de l'ainesse, au milieu du règne des partages égaux, qui s'établit aujourd'hui par ce *code civil*, où il a pris une part personnelle, et qui sera un des grands monumens de son Consulat? Croira-t-on qu'il consente que le fils d'une Française, épousée légalement par un prince étranger, soit traité avec quelque chose qui sentiroit le mépris pour sa naissance? Croira-t-on enfin qu'il ne soit pas de sa magnanimité, comme de sa sagesse et de sa justice, de respecter une jurisdiction de famille, fondée dans des actes, et qu'il veuille déférer à autre chose dans cette affaire, qu'au vœu du chef d'une haute et illustre maison, dont il aura à s'occuper sous de plus importants rapports?

Par toutes ces considérations, je ne crains pas d'affirmer, qu'il seroit imprudent à nous de prétendre regler entre nous tout autre arrangement, qu'un état provisoire.

Indépendamment de l'inconsidérarion dans la volonté d'une convention absolue, sous peine de n' obtenir aucun réglement provisoire, il y aurait encore-là une iniquité choquante, et même une méconnoissance des avantages que madame de Carigaan doit se rendre à elle même, pour la solution de cette affaire.

Dire encore à M.r de Savoye, après 4 années perdues dans des vains efforts : vous n'aurez rien pour payer vos dettes, rien pour pourvoir aux frais de votre défense, rien pour vivre et faire vivre votre mère, si vous ne vous soumettez pas à la convention que je vous propose, si vous élevez vos prétentions au delà de mes offres; c'est le mettre, pour conclure sur ses droits, *dans une situation où il n'est pas libre*; car on ne fait pas librement un sacrifice, lorsqu'on n'a que ce moyen pour se procurer son pain du jour et du lendemain; lorsqu'on ne consent que par l' impossibilité absolue de prolonger sa resistance; c'est, il est vrai, le traité du vaincu avec le vainqueur. Mais il n'y a ni vainqueur ni vaincu, sous la protection des loix et dans les transactions privées.

Lui dire encore: je ne veux pas que vous invoquiez en votre faveur ces Autorités, de qui nous dépendons:

c'est attenter à son premier droit. Lui refuser le provisoire qu'on lui offre, en attendant un réglement définitif qu'il ne peut, ni ne veut accepter de lui même; c'est jouer sur sa misère, c'est le condamner à l'impossible.

C'est manquer d'ailleurs à la fois de raison et de justice; c'est attirer contre soi, de la part des Autorités auxquelles aboutit la décision, une juste animadversion; car elles doivent condamner et même réfréner un pareil procédé: c'est se tenir dans la plus mauvaise position, pour leur persuader d'adopter ses demandes; car toutes les inclinations se portent vers celui qui reste dans l'oppression; toute la faveur pour celui qui ne prétend pas faire la loi dans sa cause, qui borne son vœu à ne pas la recevoir, qui appelle entre lui et son adversaire l'impartialité d'un juge, la sagesse d'un arbitre, la surveillance d'un protecteur.

Que madame de Carignan mette donc M.r de Savoye en possession provisoirement du sort qu'elle lui a déterminé elle-même, dans ses offres; qu'elle soutienne ensuite qu'elle a satisfait par-là à tous ses droits, que l'état des affaires de M.r son fils ne permet rien au-de-là: sa conduite sera convenable; on n'y verra plus rien qui démente la dignité de la maison où elle est placée; elle ne poursuit plus qu'un procès légitime; où toute contestation avec elle devra être marquée par tous les égards, tous les ménagemens.

Ce n'est qu'alors, ce n'est qu'ainsi que pourra se réparer l'état d'inconsidération publique où est tombée, par ce funeste procès, cette haute famille, qui a tant besoin de rassembler autour d'elle tout ce qui peut la replacer dignement dans un nouveau régime.

DE LA MAISON DE CARIGNAN

RELATIVEMENT

A LA MAISON DE SAVOYE.

Le système monarchique place les familles des rois dans un ordre de choses tout-à-fait séparé : les individus de ces familles sont à la fois plus élévés par la splendeur, plus dépendans par la subordination. Les autres sujets n'obéissent qu'aux lois et au gouvernement : ceux-ci sont soumis de plus à cette prerogative particulière, que le roi exerce sur eux, comme chef de la famille.

Les droits individuels, la puissance paternelle même cèdent à cette jurisdiction, qui se compose à la fois des idées du régime patriarchal et de la surveillance d'une Autorité unique.

Ce n'est plus le père, ou la famille qui instituent la tutelle d'un enfant né dans ces maisons ; c'est le chef de la maison ; c'est le roi.

C'est le roi qui nomme les femmes, les hommes à qui l'éducation est confiée; il peut même, à cet égard, enlever l'enfant à son père et à sa mère.

Le jeune homme n'acquiert pas, par sa majorité, son indépendance; il ne peut s'absenter de la cour, sans permission, encore moins sortir de l'empire. Il ne recueille pas la richesse de ses pères, comme un bien qui sera à lui, mais comme un dépôt à transmettre. Ses frères, ses sœurs ne reçoivent pas leur part, mais un traitement que le roi détermine; et ils ne peuvent, non plus que leur aîné, avoir d'autre épouse que celle que le roi leur choisit ou qu'il leur accorde. Leurs discussions entr'eux ont un juge spécial; c'est le roi, ou des commissaires nommés par le roi. Par là encore les principes, ainsi que les formes de leurs transactions, se rapportent beaucoup plus à cette organisation politique qu'à l'organisation civile.

Pour dédommagement de cette subordination particulière, les membres des familles royales, qui ont dans toute l'Europe un nom qui leur est propre, *les princes du sang*, succèdent les uns aux autres dans les titres, les possessions, les honneurs qui marquent leur rang, entr'eux; et sont appellés, suivant leur rang, à ce pouvoir même dont ils dépendent, qui est lié à une couronne, à un trône, à une domination politique.

Et tout cela a son importance, sa sagesse: car on n'en n'a presque jamais rien enfreint, qu'il n'en soit resulté des troubles, des renversemens dans les maisons regnantes, et même des guerres civiles dans les empires.

Tout cela encore, loin d'être porté avec murmure, l'est avec orgueil : les hommes rechercheront toujours les distinctions même par la dépendance.

Cette législation monarchique étoit particulièrement le droit privé de la maison de Savoye.

A en juger par ce qui vient de se passer dans la maison de Carignan, on croiroit que la branche ainée du moins se croit hors de cette constitution ou qu'elle veut en sortir.

Voyons d'abord si cette constitution ne subsiste pas toujours assez, pour lier de devoir et d'affection ceux qui en dépendaient; et ensuite s'ils peuvent en sortir, même quand ils en auroient la volonté.

Ce-ci dépend de l'examen de la capitulation de l'an 7 et de la déclaration sur cet acte, du 3 mars 1789.

Ces deux pièces doivent être présentées ici toutes entières.

CAPITULATION DU ROI DE SARDAIGNE.

Article premier.

„ S. M. déclare renonçer à l'exercice de tout pouvoir, „ et avant tout, elle ordonne à tous ses sujets, quels „ qu'ils puissent être, d'obéir au gouvernement provisoire „ qui va être établi par le général Français.

2

„ S. M. ordonne à l'armée Piémontaise de se regarder „ comme partie intégrante de l'armée Française en Italie, „ et d'obéir à son général en chef, comme à elle même.

3

„ S. M. désavoue la publication de la proclamation „ repandue par son ministre, et ordonne à M.r le che- „ valier Damian de se rendre à la citadelle de Turin „ comme garant de sa foi, et de sa ferme intention qu'au- „ cun recours quelconque ne puisse être porté contre le „ présent acte, émané de sa volonté propre.

4

„ S. M. ordonne au gouverneur de la ville de Turin „ de recevoir, et de faire exécuter exactement tous les „ ordres que le général Français, commandant de la ci- „ tadelle, jugera à propos de lui donner pour le main- „ tien de la tranquillité publique.

5

„ Il ne sera rien changé à tout ce qui a rapport au „ culte catholique, et à la sureté des individus et des „ propriétés.

„ Les Piémontais qui voudront transporter leur domi- „ cile ailleurs, auront la faculté de sortir avec leurs ef- „ fets mobiliers duement constatés, de vendre et de liqui- „ der leurs biens et créances, pour en exporter le prix.

„ Les Piémontais absens pourront librement revenir en „ Piémont, y jouir des mêmes droits dont jouiront leurs „ concitoyens.

„ Les Piémontais ne pourront être sous aucun prétexte „ accusés, ni recherchés pour propos, écrits, ou faits „ politiques antérieurement au présent acte.

6

„ Le roi et toute la famille royale pourront se ren- „ dre en Sardaigne, passant par Parme.

„ En attendant, il ne sera rien changé aux dispositions „ qui regardent la sûreté de sa personne.

„ Jusqu' a son départ, ses palais et ses maisons de cam- „ pagne ne seront point occupées par les troupes Fran- „ çaises; rien ne sera distrait de ce qui y existe, et la „ garde continuera a être confiée a ceux qui sont main- „ tenant employés.

7

„ Les passeports et les ordres nécessaires seront don-

„ nés pour que S. M. et toute sa famille arrivent sure-„ ment au lieu où elles se retirent.

„ Elle sera accompagnée par des détachemens d'égale „ force de ses gardes, et des troupes Françaises.

8

„ Dans le cas où le prince de Carignan resterait en „ Piémont, il y jouirait de ses biens, maison et autres „ propriétés; il pourra toujours en sortir, ainsi qu'il est „ reservé par l'article cinquième pour les habitans du „ Piémont.

9

„ L'état des caisses publiques et l'inventaire des archi-„ ves seront remis sur le champ, et les scéllés apposés „ sur les caisses.

10

„ Les vaisseaux des Puissances qui sont ou seront en „ guerre avec la République Française ne pourront jamais „ être reçus dans les ports de l'île de Sardaigne.

Fait et arrêté à Turin le 19 frimaire an 7.me de la République une et indivisible (9 xbre 1798).

Signé Clausel Adjud. Gén. . . . Raymond de S. Germain Grand Ecuyer.

Consenti et arrêté par moi . . . . . C. EMANUEL

Approuvé et accepté . . . Le Général en chef JOUBERT.

Je garantis que je ne porterai aucun empêchement à l'exécution du présent acte. . . . . VICTOR EMANUEL.

CHARLES EMANUEL

Par la grace de Dieu

Roi de Sardaigne, Cypre, et Jérusalem etc.

„ Ensuite des événemens, qui nous ont contraint de „ quitter nos états de terre ferme, et d'abandonner pro- „ visoirement *l'exercice* de notre pouvoir au gouverne- „ ment provisoire, qui aurait été établi à Turin par le „ général en chef de l'armée Française d'Italie, l'honneur „ de notre personne, l'intérêt de notre famille, et de nos „ successeurs, nos rapports avec les Puissances amies, „ tout motif enfin de justice et convenance nous obli- „ gent à protester, ainsi que nous protestons hautement „ en face de l'Europe entiere, sur les susdits événemens „ et contre toute innovation quelconque, que le gouver- „ nement Provisoire établi à Turin aurait faite, ou fe- „ rait à l'avenir, contraire à la convention faite dans la „ même ville entre nous, et le général Français le 9 „ décembre 1798.

„ Nous déclarons en foi et parole de roi de n'avoir „ jamais enfreint même dans la moindre chose, les trai- „ tés de paix et autres successifs faits avec la Républi- „ que Française, même de les avoir non seulement ob- „ servés constamment avec la plus scrupuleuse exacti-

„ tude, mais de plus avec des telles démonstrations d'a- „ mitié, et de condescendance de notre part, et telles „ dépenses de nos Finances, que nous surpassâmes de „ beaucoup les obligations contractées avec elles.

„ Nos soins pour faire respecter tout individu Français, „ et sur-tout les troupes stationnées et de passage dans „ nos états furent aussi continuels que publics; ainsi que „ nos sollicitudes constantes en tout tems, non seule- „ ment pour reprimer et punir ceux qui les insultaient, „ mais prévenir même tout ressentiment de la part de „ ceux, qui, offensés par la licence militaire, auraient pu „ s'emporter envers eux au-de-là des bornes d'une juste et „ nécessaire défense.

„ Nous démentons également, en foi et parole de roi, „ tout écrit qui pourrait avoir été publié en quel lieu „ que se soit, tendant à faire croire, que nous eussions „ des intelligences secrettes quelconques avec des puissan- „ ces ennemies de la France, et qui nous imputât quel- „ que opération ou manège contraire en quelque façon „ aux traités que nous avions faits avec elle.

„ Sans confuter les rélations faites au gouvernement „ Français, et les choses avancées dans les manifestes „ de ses généraux et agens en Italie, nous nous rappor- „ tons en cette partie très-volontiers aux rapports plus „ impartiaux, que les ministres et représentans publics

„ qui se trouvaient près de nous à Turin, auront fairs „ à leurs cours et gouvernemens respectifs.

„ D'après tout ce que nous venons d'exposer, il est „ facile à chacun de juger, que notre adhésion à tout „ ce qui nous fut imposé par les forces prépondérantes „ confiées aux généraux de la République Française en „ Italie, n'a été que purement momentanée, et provisoi- „ re, et n'a eu pour objet que d'éviter a nos sujets du „ Piémont les malheurs, dont la juste résistance, que „ nous aurions pu opposer, n'aurait pu les préserver; „ ayant été surpris par une attaque imprévue, à laquelle „ on ne devait jamais s'attendre, de la part d'une puis- „ sance non seulement amie, mais alliée; et au moment „ que nos forces militaires étaient remises, à son instan- „ ce, sur le pied d'une profonde paix.

„ C'est par tous ces motifs que nous nous étions fer- „ mement proposés dès-lors, que dès qu'il serait en notre „ pouvoir de faire connaître (comme il était de notre „ honneur et devoir de le faire) à toutes les puissances „ de l'Europe l'injustice des procédés des généraux et „ agents de la République Française envers nous et de „ la nullité des motifs allégués dans leurs manifestes, nous „ en aurions reclamé, ainsi que nous en reclamons actuel- „ lement; persuadés d'en obtenir le dédommagement qui

„ nous est dû, par la réintégration dans les domaines de „ nos ancêtres.

„ De la rade de Cagliari, ce 3 de mars 1799.

“ *Signé*, CHARLES EMANUEL.

Je ne prends ces deux actes, que dans le sens le plus rigoureux qu'ils puissent recevoir.

S. M. le roi de Sardaigne a declaré par le premier de ces actes, *qu'il renonçait à l'éxercice de tout pouvoir.*

Celà ne peut s'entendre et ne s'est jamais entendu que du Piémont : le titre de roi et l'exercice du pouvoir souverain sont toujours restés et restent encore au chef de la maison de Savoye, dans l'île de Sardaigne.

Il est donc un des monarques de l'Europe ; et sa famille, une famille royale.

La déclaration du 3 mars 1799 confirme la renonciation ; mais explique qu'elle n'est que *provisoire.*

Toute renonciation doit avoir son prix, quand elle n'est pas le traité du vaincu avec le vainqueur ; auquel cas, la vie et la liberté conservées à celui qui cède tout ce qu'il possédait, sont censées la seule concession qu'il avait à reclamer.

Mais la capitulation du 7 mars n'offre point l'état de choses, qui eut donné lieu à ce traité: il n'y avait alors qu'une paix et une alliance entre la République Française et le roi de Sardaigne; et qui que ce soit ne dira que les généraux Français, en cas de refus de la capitulation par le roi, eussent le droit ni la volonté de lui ôter la vie, ni même la liberté.

De plus, dans l'énonciation de cet acte, le roi parait plutôt condéscendre à l'occupation du Piémont par le gouvernement Français, qu'en recevoir la loi expresse: C'est lui qui ordonne à ses sujets l'obéissance aux ordres des généraux Français, qui incorpore sa propre armée dans l'armée Française, qui légalise l'établissement d'un gouvernement provisoire; et il stipule les droits et les avantages, dont ses sujets devront jouir sous le gouvernement provisoire.

Il est à remarquer que la déclaration de *Cagliari*, faite quatre mois après, ne revoque rien dans la capitulation; qu'elle n'y ajoute qu'une reserve expresse, que l'on pourrait déja regarder comme sous-entendue: ce n'est pas contre l'acte même que le roi reclame; il le confirme encore; c'est *contre l'injustice des procédés des généraux et agens de la République Française*, et *la nullité des motifs allégués dans leurs manifestes*: et il se borne *à être persuadé d'en obtenir le dédommagement qui lui est dû*, *par la réintégration dans les domaines de ses ancèdes.*

Comme on ne rentre pas dans les domaines de ses ancèdes, par la seule énonciation de son droit à cet égard, la réserve au fond ne porte que sur un dédommagement; or qui que se soit ne doute qu'il ne soit dû un dédommagement au roi de Sardaigne. Je pourrais citer plusieurs pièces émanées du gouvernement Français, qui reconnaissent ce principe, s'il fallait ici prouver l'évidence et apprendre aux nations, que le gouvernement Français ne professe pas l'injustice.

Le dédommagement d'une souveraineté ne peut être qu'une autre souveraineté: à moins qu'il n'en soit conclu autrement entre les parties contractantes.

Le roi de Sardaigne, par l'effet même de la capitulation de l'an 7, est donc encore souverain de l'île de Sardaigne, et souverain présumé d'un autre état, encore indéfini et même inconnu; par conséquent il est toujours, de l'aveu de la France, comme du reste de l'Europe, le chef d'une dinastie régnante.

Et par là il en conserve tous les droits, particulièrement sa jurisdiction entre les membres de sa famille.

Cependant il pourrait se faire que quelque chose eut été changée sur ce point, pour la branche qui est mentionnée dans la capitulation.

Voyons ce qui en est:

ART. 8.

„ Dans le cas où le prince de Carignan resterait en „ Piémont, il y jouirait de ses biens, maisons et autres „ propriétés; il pourra toujours en sortir, ainsi qu'il est „ réservé pour les habitans du Piémont par l'art. 5.

Cet article 5 est ainsi conçu: „ Les Piémontais, qui „ voudront transporter leur domicile ailleurs, auront la fa- „ culté de sortir, avec leurs effets mobiliaires, de vendre „ et de liquider leurs biens et créances, pour en exporter „ le prix. „

Quelle est la position de la branche de Carignan, en vertu de ces deux articles?

Il est clair qu'elle reçoit ici un avantage spécial, celui de pouvoir, à son choix, conserver toute sa fortune en Piémont ou en exporter le prix.

Mais elle n'en reste pas moins branche de la maison de Savoye; elle n'a pas renoncé à cet honneur; le roi ne l'en a pas dépouillée; le gouvernement Français n'a pas attaché cette condition au privilège stipulé.

Si elle est branche de la maison de Savoye, elle est donc toujours soumise à la jurisdiction de son chef.

Mais comment, dans l'état actuel des choses, cette jurisdiction subsiste-t-elle encore? Comment peut-elle s'exercer à l'égard de la branche de Carignan? Voilà des questions assez étranges, mais qui n'en sont pas moins susceptibles d'une solution aussi juste que facile.

Il est certain que cette jurisdiction d'un chef de famille roi est à part d'un gouvernement; mais aussi qu'elle y est jointe et qu'elle ne peut avoir son exécution, que par l'autorité du gouvernement; le droit de statuer ne se rapporte qu'au chef de famille; mais le pouvoir d'ordonner n'est que dans le roi.

Si le droit de statuer et le pouvoir d'ordonner viennent à se désunir, qu'arrive-t-il? Voilà la difficulté.

Pour la résoudre, il faut approfondir d'avantage la position de la branche de Carignan.

Nous venons d'établir qu'elle reste toujours maison attachée à une dinastie royale, et par conséquent dans les liens et sous les lois propres à une famille de ce genre.

Il est bien reconnu, d'un autre côté, qu'il y a deux branches dans la maison de Carignan; et que la fortune domaniale, suivant l'ordre de la possession, est dévolue aux deux branches. La seconde est comprise implicitement dans l'avantage de la capitulation, quoiqu'elle n'y soit pas même indiquée.

Elles sont en procès maintenant. Où est leur juge?

Les tribunaux ordinaires? Cela ne se peut, car les actes qu'il faut expliquer ont été faits en dehors du droit commun. Le chef de famille? Il n'a plus le pouvoir d'ordonner. Le gouvernement nouveau ? Il a le pouvoir coërcitif, mais il n'a pas le pouvoir arbitral.

Cependant il faut que le juge soit quelque part, et qu'il prononce, conformément à la nature de la cause et à l'espèce des parties.

Je dis que le roi de Sardaigne, seul, peut être encore ou doit redevenir ce juge spécial.

Sa jurisdiction de famille subsiste toujours, puisqu'il ne l'a pas abdiquée dans la capitulation de l'an 7, et et qu'on n'avait ni intérêt, ni intention de la lui ôter.

J'ajoute que cette jurisdiction s'applique encore à a branche de Carignan, puisque cette branche n'est point détachée de la maison royale de Savoye.

Le chef de famille peut encore arbitrer, décider, statuer; et c'est-là le fond d'un jugement.

Si le gouvernement Français ne voulait pas reconnaître cette jurisdiction domestique, elle n'en serait pas pour cela enlevée aux parties: elle les lie toujours par la déférence qu'elles lui doivent, lors même qu'elle ne les soumet plus par un pouvoir subsistant: les parties peuvent aller à elle, obtenir son jugement; car, comme cela a été dit plus haut: *on a pour arbitre qui l'on veut et on peut aller le trouver où il est.* Son jugement, sans force d'exécution par lui-même, reçoit, quand il est adopté par les parties, toute la puissance d'une transaction. Or comme les rapports des deux branches de Carignan avec la maison de Savoye n'ont pas cessé, il en résulte que le devoir de la déférence envers leur chef est encore entier; et qu'elles doivent la reprendre, par leur libre consentement, sous peine de violer des usages, d'abolir des privilèges, qui sont leurs lois domestiques.

Mais pourquoi le gouvernement Français ne la reconnaîtrait-il pas lui-même, cette jurisdiction, je ne dis pas dans le pouvoir d'ordonner, qui lui est devenu propre, mais dans le droit de statuer sur une chose de famille, qui lui est totalement étranger? Il a posé lui-même la maison de Carignan dans un état d'exception. Peut-il lui ôter son juge d'exception? Elle ne peut en avoir un autre: Veut-il que les parties restent sans juge? Cela ne peut pas être; il faut donc qu'il permette, et au besoin qu'il ordonne une chose extraordinaire, dans un cas extraordinaire.

Remarquez d'ailleurs que ce pouvoir de juger se transfère, par la seule volonté des parties, de la jurisdiction commune à une magistrature particulière. Tous les jours, parmi nous, et suivant la permission de la loi, même d'après son vœu, des particuliers stipulent qu'ils n'auront d'autre juge qu'une telle personne, qu'ils instituent pour cet office. Eh! bien, par cela même, les tribunaux se trouvent tellement désaisis, qui tomberaient en contravention, s'ils connaissaient de l'affaire; qu'ils doivent renvoyer les parties devant l'arbitre qu'elle se sont donné.

La jurisdiction ici n'est plus royale; elle n'est plus que

celle d'un chef de famille; elle n'est même que l'office d'un arbitre constitué: or, comme il ne faut pas être un roi de Sardaigne, pour exercer un pareil droit, il n'est pas non plus interdit à un roi de Sardaigne; car il ne faut pas être un citoyen Français, pour exercer l'arbitrage en France: c'est un don de la confiance des parties, qu'elles placent où il leur plait; et quand cette adoption a été faite dans leurs actes, elle est un lien entr'elles.

Seulement, dans un cas comme celui-ci, où un jugement arbitral serait porté par un étranger revêtu d'un pouvoir politique, le gouvernement aurait certainement droit de reviser le jugement; d'abord, quant aux formes, pour voir si elles ne blessent pas ses convenances; ensuite, quant aux dispositions, pour voir si elles ne blessent pas ses droits et ses intérêts.

Tout conduit donc à laisser, de la part du gouvernement, la décision de cette affaire, sous cette réserve, à l'arbitre de la famille; et voyez comme tout se simplifie, se rectifie, ou plutôt se replace par cette combinaison! Rien ne change dans l'esprit du jugement à porter: les deux pouvoirs séparés s'y réunissent encore; la jurisdiction s'y conserve; et la force coërcitive ne s'employe qu'à la consommation de l'acte de famille.

On cherche, depuis 4 ans, dans ce procès, le juge, le mode du jugement, les principes du jugement. Le voilà enfin trouvé l'expédient qui concilie tout! J'en remercie et j'en rends homage au magistrat judicieux * qui le premier a posé cette idée, dont je n'ai eu a faire que le développement.

Cette heureuse lumière, qui est sortie du long cours du procès, va surement tracer la marche de madame de Carignan, comme la nôtre. Il y va, non seulement de son respect pour le chef de la haute maison où elle est entrée, mais encore de son intérêt comme mère, de son devoir, comme tutrice de son fils.

De funestes idées de palais l'ont trop long temps jetée hors des véritables règles de conduite, dans une famille telle que la sienne; elle a jusques ici laissé trop d'avantages à M.r de Savoye dans la déférence commune envers le chef de la maison; elle me permettra de l'inviter, au nom de M.r son cousin, de rendre à cet égard tout égal entre eux.

M.r de Savoye, n'osant pas encore proposer que ses demandes fussent renvoyées devant l'arbitre de famille, a dumoins toujours réclamé un jugement pareil à celui qu'aurait pu rendre le chef, arbitre de la famille.

Il n'a ouvert une instance devant le gouvernement Français, qu'avec *l'agrément du chef de sa famille.*

---

* *M.r Tixier, Commissaire du gouvernement près le tribunal d'appel de Turin.*

Il a pu s'appuyer sans cesse des démarches personnelles, que les rois ont faites en sa faveur, des déclarations expresses, qu'ils ont émises sur ses droits.

Il n'est entré au service de France, qu'avec *l'agrément du roi*; il a attendu sa recommandation (que les circonstances du moment n'ont pu rendre que tacite) pour solliciter le grade d'officier, et il a envoyé à son chef la lettre du roi.

Et cette marche, qui paraissait tenir à des sentimens, des intérêts contraires, ne partait que deux devoirs faciles à concilier; aussi elle a toujours été aussi franche qu'elle était pure; le roi de Sardaigne a connu tous les écrits qu'il présentait au gouvernement Français; et le gouvernement Français a eu communication de toutes ses lettres ou celles écrites en son nom au roi de Sardaigne.

Au contraire, mad. de Carignan a fait la faute grave (je ne puis ici employer une expression plus adoucie) de s'en rapporter à des avocats et des procureurs, au lieu de demander au roi de Sardaigne quelle était la qualité de M.r de Savoye dans la famille: quels doivent être, dans la nouvelle position des choses et des personnes, les effets de l'acte de 1779; quel traitement était convenable pour lui; quels bienfaits aumoins sollicitaient ses malheurs. Elle a fait la faute plus grave de prolonger par des moyens de palais, des questions jugées par l'équité et la protection des rois: on est forcé de dire qu'elle a été conduite, par l'obstination trop ordinaire dans les mauvaises voyes, à plaider autant contre leurs déclarations, que contre les droits de son adversaire.

Elle pourrait peut-être craindre quelqu'animadversion de la part d'un juge méconnu: mais pourquoi n'aimerait-elle pas mieux croire à l'indulgence, que méritera toujours, sur des erreurs en affaires, une jeune dame, placée dans des circonstances, qui avaient tout boulversé autour d'elle? Nous ne doutons pas que le roi de Sardaigne, quand elle désavouera ses erreurs, ne les impute, ainsi que M.r de Savoye et madame de Villefranche, qui en ont été les tristes victimes, qu'aux méprises de ses conseils; lesquels se sont laissés entraîner eux-mêmes hors des principes d'une affaire à part de tout, par la routine des affaires communes.

D'ailleurs, il ne s'agit pas d'elle-même dans ce procès: elle n'y paraît qu'au nom de son fils. Certes, le roi ne peut punir sur le fils des choses qui auraient pu le blesser dans la mère. Il prononcera avec des intentions également paternelles et ne consultera que l'honneur, la prospérité et les droits différens des deux branches de Carignan.

Mais aujourd'hui, que tout indique, que tout permet, que tout reclame l'arbitrage du chef de famille; aujourd'hui que madame de Carignan est sommée de venir devant cette autorité paternelle, déférer ses propres offres, contradictoirement avec les demandes de M.r de Savoye, quelle seroit son excuse, si elle s'y réfusait, si elle attendait, à cet égard, le renvoi du gouvernement?

Voudrait-elle donc que ses enfans restassent encore comme jetés hors de l'honorable dépendance de celui qui peut seul être leur protecteur dans l'avenir, comme il fut l'appui de l'ancienne splendeur de leurs pères?

Laissera-t-elle échapper cette occasion d'annoncer, par un acte de la jurisdiction de famille, que ses enfans n'ont pas cessé, qu'ils ne cesseront pas d'être unis à l'auguste maison de Savoye?

Ne verra-t-elle pas dans l'infortune présente de son chef, un motif plus noble d'aller lui porter un homage de cette déference filiale? Voudrait-elle signaler dans la conduite des affaires de ses enfans, d'autres principes que ceux dans lesquels elle doit les élever?

Non, on ne concevra jamais que madame de Carignan trouve ou dans ses sentimens ou ses idées le dessein de consommer, autant qu'il serait en elle, pour son fils, le sacrifice des droits de sa naissance; car tout se tient dans cet ordre de choses: si la branche aînée de Carignan se retirait de la jurisdiction du chef de la famille, le roi aurait aussi le droit de l'exclure de tout ce qui est attaché à la qualité de prince de la maison; il pourrait la repudier à son tour, et même transférer son rang à la branche cadette, que seule il reconnaîtrait, seule il protégerait, seule il associerait à la destinée nouvelle et encore indéfinie de sa maison?

Madame de Carignan n'aurait-elle pas a répondre d'une telle conduite à son fils, qui n'aurait plus de ressource que de désavouer et d'expier la coupable erreur de sa mère? A la maison électorale d'où elle descend, et qui ne pardonnerait pas une pareille infraction de ses propres règles? Au public de toutes les pays, qui, après les révolutions des empires, comme avant, n'accorde son estime qu'à ceux qui remplissent non seulement les devoirs communs, mais encore les devoirs particuliers de la position où l'on est placé? Ne s'exposerait-elle pas à un véritable affront de la part de ses subordonnés, des conseils et des agens de la tutelle de son fils, qui ne rempliraient pas leur serment de bien et fidellement diriger les affaires de leur pupille, s'ils ne protestaient formellement contre ce refus de reconnaître l'arbitrage domestique du chef de la maison de Savoye?

Non, je le répète, M.me de Carignan ne verra dans le parti qu'on lui propose, indépendemment de tous les avantages qu'il a pour son fils et sa fille, que le seul moyen qui existe de pacifier les troubles de sa famille, de la retacher à tout ce que le sort réserve à la maison de Savoye, et celui d'obtenir pour elle-même une distinction, qui doit lui être prétieuse : si M.r de Savoye doit rechercher, pour l'autenticité de ses droits, un acte dans les formes de celui de 1779 : madame de Carignan ne doit pas moins le désirer, pour faire ratifier, par l'autorité de famille, son titre de tutrice, qu'elle ne tient encore que de l'ordonnance du juge ordinaire.

DE LA MAISON DE CARIGNAN

RELATIVEMENT

AU GOUVERNEMENT FRANCAIS.

S'IL fut jamais une position bisarre, indéfinissable, impossible à garder, c'est la position de la branche de Savoye Carignan, dans la 27.me division militaire.

Rélisons l'art. 8 de la capitulation de l'an 7.

„ Dans le cas où le prince de Carignan resterait en „ Piémont, il y jouiroit de ses biens, maisons, et pro- „ priétés; il pourra toujours en sortir, ainsi qu'il est „ reservé par l'article 5.

C'est-à-dire, *qu'il pourrait vendre et liquider ses biens et en exporter le prix.*

Voilà donc le prince de Carignan maintenu en Piémont, avec la faculté d'en sortir.

Mais que résulte-t-il de cette stipulation, relativement au mode de son existence dans ce pays, et à la possession de ses biens et propriétés?

Il est incontestable qu'il reste toujours membre de la maison royale de Savoye : rien n'est déterminé au contraire : et je ne crois pas qu'il puisse y avoir des conventions, par lesquelles on ne soit plus membre de la famille où l'on est né : ce n'est pas la parenté qu'on peut abdiquer ou dont on peut être dépouillé ; ce sont seulement les droits civils ou politiques que y sont attachés ; et il est évident qu'il n'y a, dans l'article ci-dessus, ni rénonciation, ni déchéance quelconque : mais cela ne regarde le prince de Carignan qu'en déhors du Piémont et nous avons sur tout à le considérer dans le Piémont.

A-t-il encore le titre distinctif de *prince* ou ne l'a-t-il plus ?

Je ne vois pas trop comment ce serait, en le lui donnant, qu'on le lui aurait ôté. Il est vrai qu'il n'y a plus de *princes* où il ne reste pas même des nobles, et plus de *princes de sang* où il n'y a plus de monarchie. Mais tout est exception dans cette personne ci ; les autres Piémontais restent en Piémont, de droit ; celui-ci n'y est maintenu que par une stipulation spéciale ; il semble donc qu'il y est conservé dans la forme et le nom qui lui sont propres ; alors il n'est pas citoyen du Piémont, devenu 27.me division militaire de la France, et depuis encore incorporé a la France et assimilé à ses départemens ; car il implique d'être à la fois homme de privilège et homme du droit commun, prince au déhors, bourgeois au dedans; de réunir les avantages dépendans de choses contraires.

J'avoue, quant à moi, que dans l'état des choses et d'après l'article ci-dessus, je ne puis voir dans tous les Carignan que des *princes*, ayant le privilège d'exister en France et d'y posséder leurs biens.

En effet, imaginons qu'un des deux Carignan se présente dans une assemblée primaire, ou qu'il sollicite une fonction civile: envain il se dénirait à lui-même sa qualité de prince et adopteroit-il celle de simple citoyen: ne cesse pas d'être prince qui le veut, et n'est pas citoyen qui le veut.

Cependant, me dira-t-on, vous venez de faire recevoir votre client d'abord soldat, et ensuite officier dans l'armée française!

Cela est fort différent. Le service militaire n'est nulle part une fonction politique; des étrangers y furent souvent admis; mais toujours par une grace spéciale et sous des réserves particulières. Aussi je regarde son admission comme une marque d'intérêt et de faveur, de la part du gouvernement: et c'est dans ce sens que je l'ai sollicitée.

Elle avoit d'ailleurs pour M.r de Savoye des motifs propres; il est né d'un prince étranger, mort au service de France. Son père avoit épousé une Française, qui plus est, une Française, qui n'était point princesse. Il n'a jamais quitté la France : il y a couru tous les dangers, essuyé tous les maux de la révolution, sans compter toutes les pertes qu'il y a faites. Enfin on n'y regarde pas de si près pour faire marcher les jeunes gens dans la conscription; on se serait moqué de son titre de prince, s'il l'avait allégué pour cause d'exemption: il était bien juste qu'il ne nuisit pas à son admission.

Que les Carignan, vivant et surtout servant en France, n'y puissent porter un titre, qui choque le régime établi : c'est une autre chose; celà n'est plus que de bienséance de leur part, de police, quant au gouvernement. Toujours est il qu'il sont des princes de droit et de fait; que celà leur vaille quelque chose ou rien du tout; et même qu'ils le veulent, ou ne le veulent pas.

Posons un autre cas: supposons que par des malheurs subits et accumulés, le roi régnant aujourd'hui, *Victor Emanuel III* vienne a mourir; que M.r le comtè de *Genevois*, son seul frère vivant, que Mr. le duc de *Chablais* leur oncle, viennent à mourir aussi: le roi prédécesseur, *Charles Emanuel*, ne compte plus, pour l'occupation du trône, puisqu'il l'a abdiqué. Tous ces princes sont aujourd'hui sans postérité, excepté le roi, qui n'a encore que des filles. Voilà tous les droits de la maison de Savoye qui reviennent à la branche cadette, à la descendance mâle du dernier duc de Savoye, Charles Emanuel, à la branche de Carignan: l'héritier de la branche ainée, le pupille

Charles Albert est roi ; et attendu sa minorité, son cousin Joseph de Savoye, régent. Croit-on que messieurs de Carignan auraient beau jeu à argumenter de l'art. 8 de la capitulation de l'an 7, pour démander à rester en Piémont ?

Admettons un autre événement beaucoup plus vraisemblable ou plus prochain ; que le roi de Sardaigne obtienne le replacement, qui lui est dû : certainement, il aurait le droit de rappeller près de lui une branche de sa famille. Certainement encore, le gouvernement Français aurait le droit de délibérer avec lui-même, s'il lui convient de garder une famille étrangère de cet ordre. Mais alors il lui devrait le prix entier du patrimoine qu'il lui a garanti : voilà tout ce qui résulterait de la capitulation.

Il est évident que l'existence des Carignan, dans ce pays, n'est que temporaire, qu'elle est soumise aux circonstances ; qu'elle n'a aucun des caractères de l'ordre civil ; qu'elle reste toujours toute politique ; qu'ils ne sont rien en France que des princes de Savoye, d'une branche collatérale ; que ce n'est que par leur éloignement des droits souverains de leur famille, qu'ils ont pu recevoir l'exception de l'art. 8.

Il est vrai que messieurs de Carignan, assez mal posés en France, puisqu'ils n'y ont d'existence libre et certaine ni dans un sens, ni dans un autre, ont la faculté de la changer, quand ils voudront : ils peuvent porter ailleurs leur domicile et leur fortune. Mais cela est plus facile a écrire dans une capitulation, qu'a exécuter réellement ; on va le voir dans l'examen de l'espèce de leur fortune.

Trois espèces de bien composent le patrimoine de Carignan.

Les biens libres laissés par le prince *Louis*, ayeul commun des deux princes d'aujourd'hui. Il paraît qu'ils sont absorbés par les dettes.

Il en serait de même d'une primogéniture fondée par le prince *Philibert*, second du nom, rendue libre par les loix nouvelles, si sa réunion à l'apanage ne la soustrait pas à leur empire.

Enfin l'apanage constitué au prince *Thomas*, par le duc de Savoye, *Charles Emanuel*.

Je crois que la majeure partie du palais de Carignan et des domaines de la superbe terre de Raconis en dépendent. Mais sa plus grande richesse consistait dans des portions de ce qu'on appelle le *Tasso* ; ces rentes se levaient directement par l'apanagiste sur les communes des diverses provinces : le gouvernement les a retirées à lui ; mais il les remplace à la maison de Carignan, suivant une liquidation, qui n'est pas encore complette, mais qui s'élève deja à une somme de 230,000 ll. de rente annuelle, que le gouvernement a placée dans la dette publique du pays, et dont il acquitte maintenant le payement régulier, en commencant par les arrérages.

On voit que le gouvernement remplit, avec une noble fidélité, la garantie qu'il a faite à la maison de Carignan.

Mais remarquez quelle est la nature des trois quarts de cette fortune. C'était autre fois un apanage ; et c'est encore un apanage, à cause de cette propriété domaniale, qui en est le caractère principal, et par sa perpétuelle réversibilité.

Les loix de la France, transplantées en Piémont, ont allodialisé tous les biens féodaux, excepté l'apanage de Carignan: elles ont rendu libres toutes les primogénitures, excepté l'apanage de Carignan.

Dans toutes les autres familles, les cadets ont pu reclamer leur légitime. Le cadet de Carignan est soumis aux loix d'exception sur un patrimoine d'exception : il ne peut demander pour lui et ses successeurs qu'un traitement à regler par l'arbitre de famille, et aujourd'hui sous la ratification du gouvernement ; mais aussi, par les mêmes loix, il exclut la sœur du titulaire actuel, malgré les loix générales : c'est un mâle qui est seul appellé à ce fidéicommis ; il remonte alors à un petit fils de l'ayeul, après avoir descendu jusques à un arrière petit fils, dans la ligne aînée.

Ainsi l'ordre civil nouveau, déja en vigueur dans la 27.me division militaire, s'y renverse pour cette seule famille : et non pas à l'avantage de ses individus, mais par les droits du domaine, par l'intérêt de sa reversibilité, en cas de défaillance des mâles.

Cela doit et peut être changé sans doute ; mais cela ne peut l'être par les ayant cause eux-mêmes ; cela demande un acte de législation spéciale ; et la conservation de l'apanage de Carignan, ne pouvant être considéré que comme une indemnité anticipée pour cette branche de la maison de Savoye, cela se reporte nécessairement au traité, qui réglera le sort du roi de Sardaigne et de toute sa maison.

Je résumerai en un mot, que je répéterai, toutes les bisarreries, tous les embarras, toutes les causes des erreurs et des malheurs dans la maison de Carignan : les deux branches agitent, depuis quatre ans entr'elles, des questions de droit personnel et de droit réel : eh ! bien, depuis quatre ans, on est encore à décider où est le juge, quel sera le mode du jugement, quels en seront les principes ! et pour sortir de cette inextricable difficulté, il a fallu trouver un moyen de faire coincider un pouvoir en dehors de la France avec celui du gouvernement de la France !

A bien prendre la chose, la famille de Carignan existe en France, sans être, ni pouvoir être fondue dans la masse des Français ; devenue étrangère à l'ordre politique de cet empire, elle l'est encore à son ordre civil ; elle reste tellement liée à la maison de Savoye, que, vue à part, on ne sait plus ce qu'elle est : elle est, comme la maison de Savoye, une famille politique, déplacée, qui attend sa nouvelle position.

Tout le plan où elle se dirige, depuis la capitulation de l'an 7, manifeste une grande méprise sur elle-même : elle parait avoir cru que la branche régnante n'était plus rien et qu'elle était restée quelque chose. C'est tout le contraire.

S'il était question ici de préconiser la famille de Carignan, ce serait encore dans les antiques maisons de Savoye et de Bourbon, qu'il faudrait rechercher sa splendeur. Non, qu'elle n'ait eu par elle-même de l'éclat dans l'histoire : elle se vantera toujours du prince *Thomas*, son chef, qui, placé presques à la même époque, fut, par les événemens et les qualités, quoique sur un moindre théâtre, le *grand Condé* de la maison de Savoye : du fameux prince *Eugêne*, sorti d'elle par une branche cadette, qui ne laisserait rien à désirer dans sa gloire, si elle n'avait été prise sur la France : du prince *Louis*, qui mêla la popularité à la magnificence dans la représentation d'un prince. Je ne puis détacher dans leur race ses deux fils *Victor* et *Eugêne*, qui moururent trop jeunes, pour accomplir leurs destinées. Mais je parlerai d'une de ses filles, à qui la France paye aujourd'hui un juste tribut de larmes, de l'infortunée madame de Lambale, l'une des personnes de son sexe et de son rang les plus distinguées par la beauté, les graces et les vertus aimables; objet d'une des plus lâches férocités de nos abominations révolutionnaires, et victime du dévouement à l'amitié, de la fidélité à une éminente grandeur, devenue le plus profond des désastres.

Mais ces titres de gloire, sans lesquels les noms les plus antiques, les plus imposans, perdent leur effet dans l'opinion, ne comptent pas dans la négociation des affaires.

Qui garantit, à travers tous les événemens en dedans et en déhors de la France, la position si bisarre, que les circonstances ont donnée à la maison de Carignan? Où sont même ses titres, ses moyens, sa qualité, pour demander un autre traité au gouvernement Français? celui qu'elle a obtenu est encore un acte de la protection des rois de Sardaigne. Sans eux, elle n'est rien, avec eux, elle est encore beaucoup.

Je m'arrête: il n'est pas de mon sujet; il serait peut-être imprudent et téméraire à moi de sonder dans les droits, dans les intérêts, dans les plans, qui doivent rendre un empire à cette royale maison, qui tient à toutes les dinasties royales; a eu de grands princes parmi ses ducs, de plus grands princes parmi ses rois; a laissé de nobles traces d'elle-même hors de ses états, dans ses états, d'imposants souvenirs; qui avait devant elle le fécond avenir d'une ambition sage, utile à la centralisation de l'Italie, à l'organisation de l'Europe; enfin qui est restée debout, au milieu des révolutions, avec le dévouement de ses peuples, et n'a réellement succombée que sous l'ascendant d'une guerre gigantesque. Elle ne peut plus recouvrer ce qu'elle a perdu, elle ne doit plus le réclamer; tel est du moins mon point de vue sur sa situation. Mais elle méritera bien, une seconde fois, de l'humanité et de la civilisation, si elle reproduit, dans les nouveaux états qui lui seront départis, ce qu'elle a fait dans les pays, qu'elle avait gouvernés, pendant plusieurs siècles.

Je m'interdirais misérablement une noble liberté, j'outragerais à la fois et l'auguste infortune de cette haute maison, et la gloire du Héros dominateur, destiné à venger la magnanimité Française d'un acte tel que la capitulation de l'an 7, si je taisais ici un vœu et une pensée, qui sont la pensée et le vœu de la France et de l'Europe.

Je finis ce mémoire, en le recommandant à toute l'attention de madame de Carignan: il est écrit pour elle seule, si elle en adopte le plan salutaire. Si elle s'y refuse, il est écrit, en même tems, pour le gouvernement Français, pour le chef de la maison de Savoye, pour le chef de la maison de Saxe, à qui M.r de Savoye a le droit de déférer la conduite, que madame de Saxe-Courlande Carignan tient envers lui et celle qu'il tient envers elle; et puisqu'il y a nécessairement ici beaucoup à imputer en bien ou en mal aux conseils des proches parens qui contestent, voilà les juges, dignes de la cause, que je veux placer entre les avocats de madame de Carignan et celui de M.r de Savoye.

Mes propositions se réduisent à ceci :

Nous demanderons en commun au gouvernement Français son agrément d'aller à notre chef de famille, à l'arbitre constitué dans nos actes, pour passer entre nous, sous sa jurisdiction de famille, à l'exemple de nos pères, une convention définitive sur tous les points qui nous divisent.

Nous rapporterons au gouvernement nos stipulations, pour les lui soumettre, relativement à son droit de régulateur du domaine national; et nous lui demanderons en commun de les décréter, comme article additionel à l'article 8 de la capitulation de l'an 7.

Cet engagement, pris d'honneur entre-nous, sera exécuté dans un bref délai, dont nous conviendrons.

LETTRE

DE MONSIEUR LACRETELLE

A MAD. DE CARIGNAN.

Madame,

D'heureux changemens survenus dans la douloureuse affaire, que nous agitons depuis tant d'années, en promettant un salutaire rapprochement, permettent déjà des communications sur les intérêts communs. Le mémoire que M.r Tixier a rédigé pour le gouvernement, a été pour moi un rappel à des idées, dont des circonstances moins favorables avaient retardé le developpement et l'application; je les ai tracées dans le mémoire ci-joint. Je vous demande pardon d'oser demander à une jeune dame une lecture si peu agréable; mais vous êtes mère et tutrice dans la maison de Carignan; et il s'agit ici moins encore de la solution de notre procès, que de l'existence entière de cette branche de la maison de Savoye. Je ne doute pas qu'il n'attire toute votre attention; que vous ne regardiez les objets qui y sont traités comme la matière de la plus importante résolution que vous ayez à prendre. Vous trouverez dans cet écrit des expressions qui pourront vous déplaire : mais je discute encore une cause; bientôt, je l'espère, nous ne parlerons plus que sur une chose conciliée; et alors les soulagemens du présent effaceront toutes les amertumes du passé.

Le résultat du mémoire que je vous soumets, est, que nous ne pouvons rien régler définitivement dans cette affaire; que des pouvoirs différents y ont des droits que nous devons respecter; et qu'il nous est également utile et honorable d'avoir à invoquer leur protection, leur sanction et l'exercice de leurs prérogatives. C'est par là que les deux branches de Carignan peuvent sortir de l'état vraiment indéfinissable où elles se trouvent placées aujourd'hui.

Madame, M.r de Savoye n'a pas le droit de vous demander une charge sur l'apanage; vous n'avez pas le pouvoir de la constituer; celà appartient aux autorités de qui nous dépendons; voilà d'où nous devons partir.

Nous ne pouvons faire qu'un accord provisoire sur les revenus de l'apanage : je vous ai fait des propositions fondées sur des titres certains; vous me demandez des sacrifices ; on peut les imposer à M.r de Savoye ; vous ne pouvez les exiger.

Soumettons à ceux de qui nous relevons nos demandes contraires, et bornons-nous aux seules concessions que nous pouvons nous faire. Vous paraissez repousser absolument, comme état provisoire, mes propositions ; *moi, j'accepte provisoirement vos offres, c'est-à-dire : un traitement annuel de 15,000 ll. Tourn., un capital de 100,000 ll. et une somme de 30,000 ll. ; sous la reserve de ce qui sera réglé définitivement par les autorités compétentes.*

Tout presse à cet égard ; vous le verrez par la situation des affaires de M.r de Savoye et de madame sa mère, dont je joins ici un aperçu. Ceci intéresse cette bienveillance mutuelle, que nous devons maintenant substituer à des animosités trop funestes. Je vous prie de ne pas perdre un moment pour prier M.r Tixier, notre sage conciliateur, de vouloir bien rédiger une convention à cet égard, qui sera remise en dépôt à M.r l'Administrateur général.

Je pense qu'étant d'accord sur tous les objets de cette convention provisoire, vous ne trouverez aucun inconvénient à faire, dès demain, payer à M.r *Grosso-Campana*, fondé de pouvoir à cet égard, la somme de 30,000 ll. ; elle se partagera entre les frais du procès ici, un à compte pour les créanciers à Paris, et une réserve pour la subsistance de mes Cliens et les dépenses extraordinaires où ils sont forcés dans ce moment.

A l'égard de la succession de la princesse Charlotte, je vous propose d'en remettre le réglement absolu à la libre décision de trois arbitres, que nous prierons M.r Tixier de nous nommer.

L'opposition sera levée par moi avec le plus vif empressement, dès que la convention provisoire sera signée.

Lorsque vous aurez délibéré sur le plan que je vous présente, pour la manière de procéder devant les autorités, à qui il appartient de statuer définitivement, il y aura lieu à une seconde convention entre nous. Mais je sens que cet objet exige quelque délai.

J'attends de vous, Madame, une très-prompte réponse de votre part à l'objet le plus pressant de cette lettre, qui est la demande d'un acte sur l'acceptation de vos offres; et si vous le voulez, le payement anticipé de la somme de 30,000 ll.

Comme c'est sous les auspices de M.r l'Administrateur général que s'est commencé notre rapprochement, je crois que vous vous plairez aussi à lui en présenter les prémices; d'ailleurs dépendant essentiellement du pouvoir qu'il représente, il me semble qu'il nous convient de ne rien faire, qu'en sa présence. Il sera heureux d'avoir à rendre compte au gouvernement de nos soins communs à éviter de l'importuner encore de nos débats, et à lui épargner l'embarras de juger ce bisare procès, qui échappe à l'application de toutes les lois ordinaires.

Tel est le motif qui me porte à lui donner connaissance de cette lettre, et à le prier de concourir de sa bienveillance à l'accomplissement du plan proposé par M.r Tixier.

J'ai l'honneur d'être avec respect, etc.

Turin ce 26 nivôse an 12.

Madame de Carignan, ayant tardé de cinq jours à faire aucune réponse, même pour accuser la reception de la Lettre et du Mémoire, il lui a été écrite la nouvelle Lettre suivante:

LETTRE

DE M.R LACRETELLE

A MADAME DE CARIGNAN.

Madame,

VOILA déja cinq jours pleins d'écoulés depuis l'envoi de ma lettre et du mémoire, qui y était joint; je me flattais d'obtenir, dans cet intervalle, une réponse de vous, aumoins sur l'époque précise et prochaine que vous jugiez à propos d'assigner pour votre parti définitif sur l'une et l'autre de mes propositions. Vous concevez que des délais sans terme et sans nécessité sont un prolongement d'infortune dans la position de M.r de Savoye et de madame sa mère, et même dans la mienne, qu'il m'est permis d'associer à celle de mes Cliens; car j'ai autre chose à faire qu'à suivre un procès. Si tout ne doit pas finir entre-nous par un arrangement amiable, mes demandes doivent aller ailleurs, et nous n'avons plus de tems à perdre. Mes propositions ne sont que le préliminaire d'un plan, qui embrasse toute la solution de cette affaire; et je suis bien résolu à le suivre avec la plus grande activité: l'exécution de mon plan comprend une chose qui dépend de vous seule, et sur laquelle j'ai le droit d'interroger votre loyauté, c'est de savoir si vous entendez suivre l'appel que vous avez interjeté du jugement de première instance; permettez donc que je vous fasse ici cette question formelle. Je dois vous prévenir, que dans le cas de votre refus de vous expliquer à cet égard, j'interpréterai votre silence comme une volonté de rouvrir le procès au Tribunal d'Appel; et qu'obligé de vous y suivre, je réclamerai à l'instant la protection que M.r l'Administrateur général doit à l'expédition de cette cause, pour obtenir tout de suite une audience d'urgence.

Pardonnez, Madame, à la situation de mes Cliens et à la mienne propre, ce qu'il peut y avoir d'importun et de peu agréable dans la requisition que je suis forcé de vous faire. J'attends de vous une réponse, qui puisse servir de base à ma marche, d'ici à mardi prochain; et comme toute demande par écrit a droit à une réponse du même genre, je vous observe que c'est une réponse par écrit que j'ai l'honneur de vous demander.

Point de réponse encore; alors j'ai prié M.r l'Administrateur général de vouloir bien transmettre à madame de

Carignan la demande expresse que je faisais de deux conseils de famille de part et d'autre, pour connaître des offres et des propositions, qui ont été faites ou qui pourront l'être entre les parties, en donner leur avis et chercher séparemment ou en commun tous les moyens de conciliation, qui peuvent résulter de l'état actuel du procès et de l'espèce de la famille.

LETTRE

D'ENVOI

DE MONSIEUR L'ADMINISTRATEUR GENERAL

A MADAME DE CARIGNAN

Née SAXE CURLANDE.

Turin ce 5 pluviose, an 12.

Madame,

J'AI l'honneur de vous envoyer copie d'une lettre que vient de m'adresser M.r de Lacretelle; quelque dégouté que je sois d'une affaire qui n'aurait jamais dû exister, si on n'avait écouté que la voix de l'honneur; si l'on eût soigneusement écarté les chicanes du palais et les astuces des gens d'affaire; si l'on n'eût même admis pour seul et unique principe de conduite, que l'intérêt bien clair et bien prononcé des deux branches de la maison de Carignan; je n'ai dû ni pu me refuser en ma qualité d'Administrateur général, à vous adresser copie de cette lettre.

Toutes les pièces précédentes ont été adressées au gouvernement.

J'ai l'honneur, etc.

Signé MENOU.

Pour copie conforme,

Le Général MENOU.

LETTRE

ECRITE

PAR MADAME DE CARIGNAN

AU GENERAL MENOU

Administrateur général, en date du 7 pluviôse an 12.

Citoyen Administrateur Général,

J'ai l'honneur de vous accuser la reception de la lettre que vous m'avez fait celui de m'adresser le 5 pluviose, avec la copie de la pétition que l'on vous a demandé de me faire parvenir.

Je suis très-fachée, Citoyen Administrateur Général, de voir qu'on ne cesse de vous importuner pour une affaire, qui ne devrait plus vous causer la moindre ennui, étant reconnu, par un arrêté des Consuls, tenir au contentieux, à l'ordre judiciaire, et d'après cela, actuellement pendante au Tribunal d'appel.

Je suis persuadée, Citoyen Administrateur Général, que pésant dans votre sagesse la pétition qui vous a été adressée, vous ne balancerez point à renvoyer les demandes qu'on y fait au Tribunal compétent.

Si mes adversaires se permettaient de renouveller, même devant les Tribunaux, les accusations dirigées contre moi et répétées à satiété dans leurs nombreux écrits, l'on verra toujours, que je ne puis en craindre aucune : elles ne peuvent m'atteindre.

J'ai l'honneur, etc.

Signée, Mme CURLANDE SAXE,
Veuve CARIGNAN.

Pour copie conforme,
Le Général MENOU.

REQUETE

AU NOM

DE MONSIEUR JOSEPH SAVOYE DE CARIGNAN

AU TRIBUNAL D'APPEL A TURIN.

Citoyens Magistrats du Tribunal d'Appel,

Vous êtes maintenant saisis des contestations entre les deux branches de la maison de Carignan, par un appel que madame de Saxe Curlande Carignan a intergeté d'un jugement rendu au Tribunal de Première Instance à Turin, en date du premier brumaire dernier.

C'est donc à vous, que la veuve et le fils du feu prince Eugêne de Carignan doivent recourir, dans la position extrême où ils se trouvent.

Le jugement dont est appel se réduit à trois dispositions (1):

1.° Sur la demande d'un traitement apanager pour Jo-

(1) *Pièces à l'appui de la requête n.* 1.

seph de Savoye Carignan, le tribunal se déclare incompétent et renvoye devant le gouvernement.

2.° Il ordonne, qu'il sera rendu un compte en règle de la *réelle consistance* de la succession de la princesse Charlotte, où Joseph Savoye concoure pour moitié.

3.° Il lui adjuge sur cette hoirie une avance de 12,000 fr., à valoir néantmoins *sur tous droits*, est-il dit, *et non obstant l'appel, en donnant caution.*

Avant de pouvoir agiter devant vous les questions qui naissent de ce jugement, Joseph de Savoye est obligé d'implorer votre justice et votre protection, pour avoir d'abord les moyens de la stricte subsistance pour lui et sa mère, pendant la discussion de ce procès, et même ceux de faire les dépenses inévitables du procès.

Une provision de 12,000 fr. leur est adjugée: madame de Carignan m'a fait dire qu'*elle avait envoyé les fonds à Paris* au tuteur ad hoc de M.r de Savoye. Voilà tout ce que je sais à cet égard (2).

---

(2) *Il a été écrit trois lettres à madame de Carignan, pour lui demander;* 1.° *si elle exigeait une caution;* 2.° *si elle acceptait celle de M.r l'Administrateur général;* 3.° *si elle entendait payer la somme de* 12,000 *fr., sans poursuite judiciaire.* = *Point d'autres réponses que celle ci-dessus.* = *Les dernières lettres de Paris annoncent que madame*

Mais ces fonds sont déja plus qu'absorbés par les besoins urgens de la mère, réduite depuis huit mois à rester à *Aix La-Chapelle* où elle était allée recouvrer un peu de santé, faute des moyens de venir à Turin où l'appellaient les devoirs d'une mère et d'une curatrice, même de revenir à Paris près de ce qui lui reste de parens et d'amis; par ceux non moins impérieux du fils, nommé officier depuis quatre mois, et qui attendait cette chétive ressource pour se faire ses équipages de campagne; car il se flatte d'être placé dans l'armée active d'Angleterre, ce qu'il demande avec ardeur; enfin par le devoir de verser quelques à comptes sur plus de 60,000 ll. de dettes.

Je n'entrerai pas ici dans un plus long détail sur la situation désastreuse de leurs affaires; les magistrats la connaîtront par une note particulière, jointe à la présente equête (3).

---

de 'arignan n'a voulu payer que 4000 fr. = Ce n'est cependant vas lès fonds qui lui manquent; car elle a 345,000 ll. à recevoir, pour l'apanage, à la caisse de la dette publique; et il y a un sequestre, à la requête de M.r de Savoye, sur ce apital. Voyez ce qui regarde ce sequestre dans la première lettre de M.r l'Administrateur général.

(3) *Pièces N.o 2.*

Cependant ils ont en outre à payer les frais d'un procès, qui dure depuis quatre ans; en voici l'aperçu :

A Paris, en frais d'impressions, de copies, en significations, timbre, enregistrememt d'actes environ,	4000 ll.
A Turin, jusques à ce jour, suivant le mémoire du citoyen Grosso-Campana, leur avoué, près de	6000
En sus, mémoire de l'imprimeur, environ .	3000
Honoraire des avocats, ...	
Séjour et voyage du citoyen Lacretelle, conseil de curatelle de M.r de Savoye, . . .	
	13000

Il est évident que les dépenses nécessaires de ce procès, que le jugement de première instance laisse à la charge de M.r de Savoye, montent à plus de 20,000 fr.

Ce serait insulter à la délicatesse connue des défenseurs de cette cause, de supposer qu'ils rallentiraient leur zèle et leur dévouement, faute de l'honorable recompense due à l'emploi de leurs travaux et de leurs talens. Mais faut-il que ceux qui font journellement des avances, ne recupèrent jamais rien, et qu'ils ayent sans cesse à rajouter? et le peuvent-ils tous?

Si leur Client n'avait de droits que par les demandes à juger, il vous serait peut-être difficile, citoyens magistrats, de lui accorder une provision, avant un réglement de ses droits.

Mais heureusement il se trouve dans une position, qui légalise tout dans le secours provisoire qu'il réclame.

Son droit général naît de sa qualité de fils légitime du prince Eugêne de Carignan; par conséquent saisi par sa naissance même *d'un entretenement honorable* sur l'apanage de sa famille.

Et telle est sa demande principale.

On lui oppose une rénonciation de son père et on lui conteste la pleine légitimité de sa naissance.

Accordons ici tout ce qu'on voudra; supposons même qu'il doit être débouté de toute réclamation sur l'apanage, de toute répétition sur les biens libres et primogéniaux. Renfermons-nous dans des titres certains et indépendans de tous ceux qu'on lui conteste.

1.° M.r de Savoye a titre, possession et chose jugée en cas moins favorable, pour sa réintégration dans les traitemens fixes de 21,000 ll., que lui avaient constitués à la mort de son père, comme ses juges et ses arbitres de famille, les rois de France et de Sardaigne.

Les preuves de cette assertion sont développées dans un projet d'arrêté pour M.r l'Administrateur général, que je lui avais remis, *comme mes conclusions motivées*. Les arrérages de ces pensions, pendant douze ans, toute compensation faite, montent à 108,000 ll. (4) — Ci-joint *ce projet d'arrêté.*

2.° M.r de Savoye à titre, possession et reconnaissance de droit pour un traitement provisoire et postérieur de de 8000 ll. annuellement, de la part du feu prince Charles de Carignan; ce traitement a été supprimé par sa femme, depuis près de quatre années. = Arrérages. = 32,000 ll. = Voyez *mémoire en réplique* ci-joint, quatrième question (5).

3.° Suivant le jugement dont est appel, on n'a pas encore rendu un compte régulier à M.r de Savoye de la succession de sa tante, madame la princesse Charlotte. = Seulement on lui a payé un à compte, maintenant de 37,000 fr. = Mais il est aisé de juger par la discussion de cette hoirie, qu'elle lui donne beaucoup plus que le double de cette avance à répéter. = Mémoire intitulé : *Pièces dans l'affaire de la maison de Savoye Carignan.* = page 46 (6).

Pour répondre à l'aperçu des droits sur cette hoirie, la provision du Tribunal de première Instance, au lieu d'être de 12,000 fr., aurait dû être de 50,000 fr.; d'au-

---

(4) *Pièces N.o* 3.

(5) *Pièces N.o* 4.

(6) *Pièces N.o* 5.

tant plus qu'elle est déclarée *imputable sur tous autres droits.*

4.° Il est impossible de ne pas adjuger un fort dédommagement à M.r de Savoye, tant pour le recélement de cette hoirie, pendant huit années pleines, que pour la suppression de la pension alimentaire, que lui avait déterminée son feu cousin. Cette double privation de ses ressources a été le principe de tous ses malheurs, de toutes ses pertes. Cette indemnité est à régler; mais elle est tellement fondée en justice et en évidence, qu'on peut la placer ici parmi les droits certains. = Voyez à cet égard les deux discussions précitées.

5.° Enfin madame de Carignan, par un mouvement de raison et de justice, qu'elle paraît démentir aujourd'hui, a fourni elle-même un titre formel pour la provision qu'on réclame.

Une négociation a été engagée sur cette affaire, sous les auspices de M.r l'Administrateur général, et par les bontés du citoyen Tixier, de laquelle il résultait qu'elle offrait à M.r de Savoye *un traitement annuel de* 15,000 *ll., un capital de* 100,000 *ll. et une somme de* 30,000 *ll.* M.r de Savoye, par son conseil de curatelle, a déclaré qu'il acceptait ses offres, de la seule manière dont il était possible aux Parties de transiger, c'est-à-dire, *provisoirement et sous la reserve de ce qui serait statué définitivement par les autorités compétentes.*

Les principes de ce genre d'acceptation sont développés dans une lettre à madame de Carignan et dans un mémoire ci-joint.

Rien n'a été écrit dans cette négociation, si ce n'est de ma part, qui tient pour principe qu'en affaires, il faut réfléchir à ce qu'on fait et à ce qu'on dit, ensuite en laisser des preuves fixes et certaines. J'ai présenté par écrit mes demandes. Madame de Carignan n'a expliqué que verbalement ses propositions à M.r Tixier, qui me les a transmises. C'est d'après lui que je les ai expliquées; je m'en rapporte à son témoignage et à sa déclaration.

Mais toujours est-il certain que madame de Carignan a fait des offres; que ses offres tenant à des résolutions prises par elle, avec ses conseils, relativement aux demandes de M.r de Savoye, elle ne peut les démentir, sans prouver qu'elles n'étaient qu'un jeu mal honnête pour gagner du tems; elle ne peut, sans manquer à tout respect d'elle-même, les revoquer, qu'autant qu'on les accepte pas, comme elle le veut; elle se propose sans doute de les renouveller devant ceux qui en doivent connaître, en demandant que son adversaire soit débouté de toutes autres prétentions ou réserves.

Il en résulte donc la présomption d'un droit déterminé par elle-même, au cas où elle parviendrait à faire décider, que ses offres sont la loi à laquelle il faut se soumettre. J'ai expressément déclaré que je me soumettrais, dès qu'une autorité compétente aurait prononcé. Madame de Carignan ne pourrait donc prétendre que ses offres deviennent nulles et caduques, faute d'acceptation; car je ne les ai pas refusées définitivement. De plus je déclare ici, au nom de mes Cliens, que je m'en rapporte au Tribunal pour décider si madame de Carignan a par elle-même le droit de me garantir l'effet de ses offres; si elle peut exiger de moi, sans attenter aux droits des pouvoirs, qui doivent ratifier notre acte, par conséquent avec utilité pour elle-même, une autre acceptation que celle que j'ai donnée.

Il ne s'agit donc plus que de savoir si elle a fait des offres, avec l'unique intention de les révoquer, dès qu'elle serait sommée de les réaliser. Une telle présomption serait la plus grande injure qu'on puisse lui faire. Par conséquent ses offres attestent une reconnaissance de droit et présentent au moins un point d'appui pour un prononcé en provision.

Voilà donc plus de titres qu'il n'en faut pour assoir une provision, destinée à l'entretien et à la défense de ceux qui présentent ces titres, pendant la litispendance.

Il est clair encore que la provision doit être relative à l'énonciation des titres; que lorsque les titres énoncent des pensions et des capitaux considérables, la provision ne peut être calculée d'une manière aussi parcimonieuse, qu'elle l'a été dans le jugement de première instance, qui, du reste, a affecté de dissimuler les titres qui donnaient de grands droits, ceux qu'on mettait en avant, pour ne s'arrêter qu'au plus indéfini de tous, à celui qui n'était pas même mentionné dans les conclusions.

Le seul point qui reste à examiner, c'est de savoir si le tribunal est compétent pour statuer sur l'espèce de la provision demandée.

Le fond de l'affaire présente ces questions :

Joseph de Savoye est-il né *prince du sang* dans la maison royale de Savoye ? Est-il frappé des restrictions sur ses droits de naissance énoncées dans les lettres-patentes du 17 septembre 1780 et dans le rescrit royal du 28 octobre, même année ?

Si ces questions étaient encore à juger, elles ne le pourraient l'être par un tribunal civil ; car elles sont évidemment de l'ordre politique.

Mais elles sont décidées, autant qu'il est possible, par les énonciations et les formes des lettres patentes de 1788 (7), pour la tutèle du jeune Savoye ; par les lettres particulières des rois de Sardaigne (8) ; par un considérant expresse de l'arrêté du conseil d'état (9), qui n'est autre

---

(7) *Pièces N.o 6 Memoire intitulé* : Pièces dans l'affaire Savoye Carignan.

(8) *Pièces N.o* 7, 8, *et* 9.

(9) *Pièces N.o* 10.

chose qu'une décision formelle sur ce point, rendue d'après un débat contradictoire.

Ces pièces sont sous les yeux du tribunal, dans les mémoires ci-dessus cités.

Je pense que le tribunal n'ayant plus à faire que l'application d'une qualité reconnue par les autorités compétentes, il en a le droit et le devoir.

2.° Joseph de Savoye, en sa qualité de cadet de Carignan, n'a-t-il pas un droit certain *à un entretenement honorable* sur l'apanage de sa famille, d'après le droit naturel, et encore plus, d'après les principes positifs sur ce genre de possession? A cet égard, il serait absurde d'admettre même le doute.

Mais est-il déchu de son droit à cet égard, par la rénonciation de son père?

Pour qu'on pût croire à une pareille spoliation du fils par le père, procédant sous la jurisdiction du chef de sa famille, il faudrait que cela fut dit expressément dans l'acte. Le père a bien renoncé formellement à reclamer sa part dans les biens de sa famille, moyennant une indemnité; mais il n'a nullement renoncé à une indemnité prolongée aux enfans et successeurs qu'il pourrait avoir. De plus, il leur a reservé *leur vocation à l'apanage*. Peuvent-ils être à la fois appellés à l'apanage et mourir de faim, à côté de l'apanage, par les stipulations du même acte? Cela serait absurde en soi.

Ensuite, ne serait-ce pas là une clause qui choquerait également le bon sens et les bonnes mœurs; une de ces clauses immorales et malhonnêtes, que les lois ne permettent pas, que les tribunaux annullent, sur la reclamation du ministère public?

Enfin on ne peut séparer l'effet d'un acte de l'intention nécessaire des parties contractantes. Or peut-on supposer une telle intention et dans les deux frères, qui ont traité ensemble, et dans le chef de la famille; surtout dans une famille de cet ordre?

Telle est pourtant l'objection de madame de Carignan.

Le tribunal a-t-il droit de prononcer sur cette exception? Il l'a incontestablement, puisqu'il est saisi par l'arrêté du conseil de tout ce qui tient à l'acte de 1779, et qu'il a même reçu dans les *considérant* des règles pour en faire l'interprétation. Du reste, nous n'entendons pas exercer, devant le tribunal, l'action en nullité de l'acte de 1779; nous nous bornons à écarter cet acte de toute influence sur la demande d'un traitement apanager.

3.° Quel doit être le traitement apanager dans son mode et dans sa quotité? Ne doit-il être que viager à M.r de Savoye? Doit-il être perpétuel à lui et à toute sa posterité? De quelle somme doit-il être pour M.r de Savoye? Doit-il être moindre pour ses descendants?

Ici, ce me semble, cesse entièrement la compétence du tribunal, à moins qu'il ne reçoive un mandat exprès du gouvernement. Ce serait constituer une charge sur un bien d'une nature domaniale, reversible au domaine, aliéné seulement, sous des reserves et des charges, à une famille. Cela ne se peut que par le régulateur du domaine; ou plutôt il y a lieu ici à une prérogative des rois de Sardaigne, comme chefs de la maison de Savoye, qui leur reste propre; qu'ils n'ont point abdiquée; qu'ils peuvent encore exercer, avec l'agrément du gouvernement Français; qui, au moins est passée au chef du gouvernement Français, s'il ne veut pas la reconnaître dans le chef de la maison de Savoye; qui ne peut être exercée que par lui, dont un tribunal peut d'autant moins le dépouiller, que l'emploi peut s'en rapporter à des considérations de politique, qu'il n'appartient à personne ni de connaître, ni d'entrâver.

J'ajoute, ce qui est la vérité maintenant la plus sensible dans cette affaire; que la famille de Carignan est une famille à part dans la France; qu'elle n'y existe que par un acte politique; que tout ce qui tient, dans cette famille, au patrimoine et aux personnes, est en déhors de l'ordre civil; que tout la relie à des traités faits ou à faire; qu'elle dépend à la fois, dans ses transactions, et du chef de la maison de Savoye et du gouvernement Français; qu'il faut, dans les transactions entre ses membres, non pas seulement l'intervention, mais le concours de ces deux pouvoirs, pour les rendre solides et définitifs; et que le tribunal, loin de l'en laisser sortir, doit la faire rentrer dans les devoirs, les convenances et les intérêts de sa position séparée. C'est par là sur-tout qu'il me parait incompétent sur le fond du procès actuel.

Mais il a, par ces principes mêmes, une jurisdiction certaine sur toutes le parties incidentes ou subordonnées de l'affaire.

Les pensions accordées en 1785 par les rois de France et de Sardaigne; le traitement alimentaire et provisoire du feu prince Charles de Carignan; les offres récentes de madame veuve de Carignan; tous ces titres sont des actes, qui doivent avoir un effet, quand même il n'y aurait pas un apanage dans la famille; quand même M.r de Savoye serait exclu, par l'espèce de sa naissance, des droits princiers dans sa famille.

Ces divers titres présentent pour lui la certitude d'un droit quelconque.

On le prive de tout, néant-moins, depuis quatre ans, avec l'intention manifeste de le faire composer sur ses droits, au prix qu'on veut y mettre. C'est une tirannie odieuse qu'on exerce sur lui: le tribunal doit l'en sauver, en lui adjugeant d'abord une modique provision, pour vivre lui et sa mère; pour payer ses dettes les plus pressantes; pour fournir aux frais du procès qu'on veut encore rouvrir, malgré sa déclaration de s'en rapporter, tant sur ses demandes que sur les offres de ses adversaires, à l'arbitrage des autorités, par qui seules un règlement fixe et certain puisse être porté.

Il reclame, avant tout examen des moyens d'appel, que prétend faire valoir madame de Carignan, une somme de 32,000 ll.; ce qui n'est que le montant de quatre années d'arrérages, maintenant presque écoulées, sur la pension alimentaire et provisoire de son feu cousin; et c'est de sa part se réduire bien au-dessous des offres, qui viennent de lui être faites.

Citoyens Magistrats, je vous présente une seconde demande, non seulement au nom de mes Clients, mais encore en mon nom personnel: elle est déjà expliquée dans une lettre ci-jointe de moi à M.r l'Administrateur général; elle tend à ce que, avant toute discussion au fond, il soit ordonné, à la diligence du Commissaire du gouvernement, des convocations de parens ou amis, du côté de chacune des parties, pour donner leur avis sur les propositions qui ont été faites de part et d'autre, indiquer séparémment des moyens de conciliation, et, s'il y a lieu, s'entremettre en commun pour un rapprochement entre les parties.

Cette demande est fondée, du côté de M.r de Savoye, d'abord sur une nécessité légale. Il ne peut rien reclamer, par un titre successif, qu'avec l'assistance d'un tuteur *ad hoc*; et ses actions se rapportent toujours plus ou moins aux droits héréditaires du prince Eugêne. Madame de Carignan a exigé l'année dernière cette formalité, lorsqu'elle a consenti a fournir un à-compte sur l'hoirie de la princesse Charlotte; et le notaire *Charpentier* fut nommé. Mais je reçois à l'instant la nouvelle de sa faillite; ce qui le rend incapable de remplir sa fonction; il faut donc le remplacer.

Où doit-il être remplacé? M.r de Savoye, n'avait, l'année dernière, de domicile que celui de madame sa mère; et sa mère avait le sien à Paris. Actuellement elle n'en a plus nulle part; car elle n'a de bail nulle part. Son devoir de curatrice l'appellait au lieu où se traitent les affaires de son fils. Mais l'impossibilité où elle a été jusqu'ici de rien obtenir sur les droits de son fils, la retient, depuis huit mois, aux eaux d'Aix-la-Chapelle; elle n'y devait passer que trois mois, et n'a pu encore en sortir, faute des moyens de payer quelques dettes et de venir s'établir a Turin. Quant à son fils, maintenant officier de dragons, il n'a plus de résidence que sous ses drapeaux; à moins qu'on ne regarde le pays de ses pères, celui où sont tous ses droits et ses ressources, comme sa résidence naturelle et forcée. Ce n'est donc plus qu'à Turin qu'on peut former pour lui une assemblée de *parens* ou *amis*; et comme il n'a à Turin aucune résidence actuelle, qu'il n'y est placé dans aucune justice de paix, il est nécessaire qu'il s'adresse au tribunal, devant lequel sa cause est traduite, pour régler comment et devant qui sera organisée l'assemblée de parens et amis, qui devra lui constituer un nouveau tuteur *ad hoc*.

Il existe, il est vrai, un débris de l'ancien conseil de tutelle, organisé en 1788, par les rois de France et de Sardaigne. Mais ce n'est point par ce conseil de tutelle qu'avait été nommé le notaire *Charpentier*; ce fut par une assemblée de parens et amis : la pièce est ci-jointe (10). De plus, de ce conseil de tutelle, il ne reste plus que quatre membres; M.r *de Clermont Gallerande*, M.r *Collin*, jurisconsulte, M.r *Magon de la Gervesais* et moi. Je suis à Turin et M.r *Magon de la Gervesais* a transporté son domicile en Brétagne, depuis deux ans. Ainsi les deux seuls membres, actuellement à Paris, ne pouvant former, entr'eux deux, une majorité, ne sont plus en mesure d'émettre une déliberation.

Indépendemment de ce motif absolu, je demande aussi, moi personnellement, une assemblée de *parens* ou *amis* pour M.r de Savoye, d'après l'état actuel du procès. Il sera déclaré par M.r Tixier que des offres lui ont été faites par madame de Carignan; d'autres propositions sont faites au nom de M.r de Savoye, par mon mémoire imprimé *sur l'état de la maison de Carignan*. Il m'est per-

(10) *Pièces N.o* 11.

mis de demander qu'un conseil de famille connaisse et des propositions que j'ai mises en avant et des offres que j'ai cru ne pouvoir et ne devoir accepter, que sous la réserve que j'ai exprimée. J'use donc de mon droit de couvrir ma responsabilité dans la défense d'un mineur, et je pourvois à la sûreté de ses intérêts, en requérant la formation d'un conseil de famille.

Le tribunal jugera sans doute qu'il est de son devoir de l'ordonner; je m'en rapporte à sa sagesse pour la nomination des personnes propres à cet office. Cependant comme la famille de Carignan, dans l'une et l'autre branche, n'a plus de parens dans la 27.me division militaire; au défaut de parens, il faut choisir des amis; j'indique les personnes, actuellement a Turin, de qui M.r de Savoye a reçu des services.

Primo. MM. *de Balbe et de S. Marsan*, qui, comme ministres des rois de Sardaigne, ont été les agens et les interprètes des bontés que ces princes ont signalées pour lui.

2.° MM. *Garnier et Bessejon*, commissaires au tribunal de première instance, qui n'ont plus leur ministère à exercer dans la cause, et qui ont essayé plusieurs fois de procurer une conciliation.

3.° M.r *l'Evêque d'Amiens*, dans la diocèse duquel M.r de Savoye possède un chétif débris d'une terre acquise par le prince Eugêne, et laquelle fut la sépulture de ce prince.

4.° M.r *Félix Nigra*, négociant, qui a bien voulu lui rendre des services dans ses affaires.

Il me parait que M.r de Savoye, ayant l'honneur d'être dans l'armée Française, il lui appartient de reclamer un acte de protection de la part des généraux ou chefs de corps, sous le commandement desquels il peut se trouver quelque jour. Je prierai M.r l'Administrateur général de vouloir bien demander et obtenir cette bonté de la part de celui qu'il croira devoir désigner.

M.r de Savoye reclame aussi une assemblée de *parens* ou *amis*, du côté de son cousin. Ses droits, à cet égard, sont d'une puissance irrésistible.

Il est réconnu par le gouvernement Français, *représentant* d'un cadet de Carignan; il est déclaré par les rois de Sardaigne la *branche cadette* de Carignan. Le réglement de son sort dans sa famille intéressait à la fois la justice, l'honneur, la dignité de la famille; il n'appartenait pas à une simple tutrice de s'en faire l'arbitre; il avait reçu provisoirement de son feu cousin une pension alimentaire; il n'appartenait pas à une simple tutrice de l'abolir. Elle a fait récemment des offres beaucoup plus considérables; ces offres ont besoin d'être ratifiées par une assemblée de famille. Je lui ai fait, au nom de Monsieur de Savoye, des déclarations sur ses offres, des propositions qui intéressent l'existence entière des deux branches de Carignan; il n'appartient pas à une simple tutrice de les rejeter, sans le concours d'une assemblée de famille. Enfin il est bien évident, qu'entre les offres de madame de Carignan et les propositions de M.r de Savoye, il y a une conciliation bien facile, lorsque deux assemblées de parens ou amis de chaque côté, placées dans la cause par une mission de paix, de justice et de sagesse, pourront se faire entendre à chacune des parties, et traiter ensemble. Or tout ce qui tend à entourer des meilleurs conseils les causes des femmes, des veuves, des mineurs, des pupilles fait partie de la surveillance protectrice des tribunaux; et les parties qui contestent ici sont des veuves et des mineurs.

Mais, citoyens Magistrats, pour que cette bienfaisante intervention de l'esprit de famille puisse avoir ses heureux effets, il importe que, des deux côtés, les personnes à qui on doit imputer tout ce qui s'est fait, tout ce qui s'est dit, ayent la délicatesse d'en écarter l'esprit, bon ou mauvais, qui les a inspiré; qu'elles ayent même la noblesse de donner leur propre conduite à juger, et de laisser toute liberté de voir les choses autrement qu'elles les ont montrées.

Ici, peut-être, Magistrats, vous n'avez pas d'exclusions à prononcer. Mais souvent ce que la loi permet, l'honneur se le refuse; et un bon exemple n'est jamais perdu auprès de ceux qui se sentent dignes d'en donner eux-mêmes. L'explication de ce qu'il y a d'un peu voilé dans ce que je dis ici, se trouvera dans la lettre ci-jointe à madame de Carignan (11).

Mes conclusions sont à ce qu'il plaise au tribunal, ordonner et prononcer d'urgence, par les voies les plus sommaires, et avant d'accorder l'audience a madame veuve Charles de Carignan sur ses moyens d'appel du jugement du premier brumaire, qu'il sera payé, dans l'intervalle de 24 heures, pour le compte de Joseph Savoye, la somme de 32,000 ll. tourn., faisant le montant de quatre années échues de la pension provisoire et alimentaire, offerte par le feu prince Charles de Carignan dans ses lettres du 13 pluv. et 20 prair., an 8, pour remplacer celle antérieure de 620 ll. par mois, acquittée jusques à sa mort; laquelle provision de 32,000 ll. à imputer sur tous les droits qui peuvent compéter audit Joseph de Savoye; qu'elle sera payée non obstant toute opposition, et exemptant à cet égard le mineur d'un cautionnement, vû qu'il lui a été fait des offres de pensions et capitaux bien supérieurs, et que l'humanité, la justice, la convenance et l'honneur ne permettent pas de supposer qu'il ne lui revient pas un traitement quelconque, d'après ses titres

(11) *Pièces N.o 12.*

de naissance, d'après l'espèce de sa famille, et relativement aux causes qui lui ont fait perdre tant ses pensions originaires, que la protection efficace des chefs et des juges de sa famille.

Ordonner également, qu'avant toute discussion en cause d'appel, il sera formé, pour chacun des mineurs actuellement en contestation, des conseil spéciaux de famille, à la diligence du Commissaire du gouvernement, et dans les formes voulues par la loi, à l'effet de connaître des offres et propositions qui ont été faites ou pourront être faites entre les parties, d'en donner leur avis et de chercher séparément ou en commun tous les moyens de conciliation, qui peuvent résulter de l'état du procès et de l'espèce de la famille.

Turin, ce 15 pluviôse, an 12.

LACRETELLE, aîné,
Conseil de curatelle
De M.r Joseph de Savoye.

LETTRE

DE MONSIEUR LACRETELLE

A MAD. DE CARIGNAN.

Madame,

D'injustes égards de confraternité m'avaient déterminé à porter sur vous seule tous le poids des justes plaintes, des accusations trop bien fondées de M.r de Savoye et de madame sa mère. Je m'affranchis maintenant de ces fausses considérations ; je ne verrai plus en vous désormais qu'une princesse de Saxe, une veuve de Carignan ; dans les maux qui se sont faits sous votre nom, je ne montrerai désormais que des erreurs bien funestes à vous-même, qui ont une légitime excuse dans votre sexe, dans votre age, dans les événemens qui vous ont séparée des conseils propres à une famille telle que celle où vous êtes tutrice. Au lieu des princes, des anciens amis de votre maison, vous n'avez trouvé au tour de vous que des gens d'affaires, des hommes de loi. L'esprit du palais n'est souvent à l'esprit des affaires, que ce que fût la scolastique à la philosophie; on se condamne à voir tout à faux, quand on ne se place pas d'abord dans le vrai point de vue. Tel est le seul avantage que je veuille réclamer sur vos avocats, dont je suis loin d'ailleurs de contester les lumières et même les vertus.

Il est vrai que j'ai passionné cette affaire d'une cruelle invective; c'est que cette affaire n'a encore développé, à côté d'une méprise grossière sur les principes, qu'une cruelle oppression dans les faits, et bien longue, puisqu'elle dure encore. Madame, l'invective appartient à l'oppression, comme la plainte à la douleur. Si l'on ne voulait pas dans cette affaire des qualifications cruelles, il ne fallait pas y placer des actions barbares, telle que la suppression des chétifs alimens, déterminés par le prince votre époux. Qui osera jamais incriminer dans une mère pour son fils, dans un fils pour sa mère, le cri de la nature, dénonçant ses souffrances, au nom de l'honneur? Vous êtes mère aussi, Madame, et la réponse à ceçi est en vous même.

Je me soulage aujourd'hui, en détournant de vous les plaintes, les accusations que j'ai tracées; je souhaite que l'effet s'en affaiblisse, en tombant sur d'autres. Mais ayant toujours cru que j'en devais compte à quiconque me le demanderait, je suis prêt à le rendre; et je ne me bornerai pas à une simple justification; si l'on provoque un jugement sur ce point, ma demande sera que, comparaison faite des maux éprouvés et des paroles écrites, il soit déclaré que j'ai honorablement défendu mes Cliens. Cependant par des considérations qui me sont sacrées, pour étouffer des sermens de discorde entre de proches parens, il faut la suppression de mes mémoires, par un acte public; mais je soutiendrai que personne n'a le droit de la décider, que moi-même; et je l'offrirai, quand le tems en sera venu.

En livrant franchement ma conduite aux attaques de vos conseils, je me réserve le droit de discuter la leur; car nous aussi nous relevons de l'opinion des honnêtes gens, et nous devenons responsables, au moins moralement, des troubles, des scandales des familles, quand ils arrivent par notre influence. Je suis prêt également à la guerre ou à la paix. Je leur offre d'abolir à la fois dans le silence et les erreurs et les malheurs, s'ils veulent enfin concourir de leurs efforts à relever l'une par l'autre les deux branches de Carignan, à leur ouvrir une prospérité commune. Mais s'ils veulent encore les sacrifier toutes deux à un vaniteux entêtement, au pédantisme insensé de leurs idées de palais, il faudra bien examiner enfin qui de nous a dirigé ses cliens selon la morale, la bonne foi, l'honneur, les convenances, l'utilité, la justice, le bon sens; et même selon les saines notions du palais.

C'est une chose bien misérable, mais c'est un fait connu,

que ce procès ne se prolonge encore que par une sote animosité contre moi.

On a pu dire jusques ici qu'il y allait aussi de votre vengeance; qu'on ne voulait pas vous laisser sous les reproches qui vous ont été faits. La justice que je me plaîs à vous rendre personnellement, Madame, va écarter ce prétexte. Je déclare que vous avez pu croire, d'après des avocats, qu'il n'était dû *chose quelconque* à M.r de Savoye; mais qu'il est prouvé maintenant, qu'en lui déniant ses droits, vous vous étiez réservé d'y substituer des bienfaits. Il n'y a plus là, dans ce qui vous regarde, qu'une erreur que vous pouvez avouer et une intention honorable.

Que reste-t-il donc entre vos offres et la manière dont M.r de Savoye les accepte? Rien que l'intérêt capital et commun d'aller passer un acte sous la jurisdiction paternelle du chef de la famille; et ensuite, en le rapportant au gouvernement Français, d'en obtenir une nouvelle sanction de l'apanage. Il n'y a plus, ce me semble, qu'une incurable manie de plaider, qui puisse encore chercher dans cet état de choses la matière d'un procès.

Si l'on me fait un crime de n'avoir pas étouffé toute sensibilité dans le tableau des malheurs de mes Cliens, toute indignation dans celui des injustices, dont ils sont encore les tristes victimes, ne puis-je pas aussi inculper, dans mes contradicteurs l'orgueilleuse prétention de faire encore de leur doctrine la règle unique des parties; surtout quand leur doctrine est tombée dans une dérision générale; quand elle a été repoussée par deux ministres par le conseil d'état, par les deux commissaires du gouvernement, par M.r l'Administrateur général; par tous ceux qui ont eu à s'occuper de cette affaire; quand elle leur reste propre à eux seuls?

Eh bien, défions-nous, punissons-nous, s'il le faut, et de la sensibilité et de l'obstination; écartons-les d'une affaire où il ne faut plus que le calme de la raison et les condescendances d'un intérêt commun; sortons de la lice avec ou nos qualités ou nos défauts; dans une affaire de famille, n'admettons que des voyes de famille; dans une discussion, où il était difficile qu'on luttât sans passion, appellons des hommes étrangers à tout ce qui s'est dit, à tout ce qui s'est fait, qui puissent juger autrement, et même désavouer ce qui leur paraîtra mauvais ou dangereux. Voilà ce que je propose.

Je déclare que je livre tout à l'assemblée d'amis, représentans des parens, que je demande pour monsieur de Savoye; que je n'y veux ni influence, ni présence; que je les constitue uniques juges, uniques arbitres des principes à adopter, des plans à suivre, des concessions à faire ou à obtenir; et je les prie ici d'avance de communiquer directemement avec mes clients et avec l'honorable vieillard, le tuteur donné par les rois à monsieur de Savoye, avec M.r de Breteuil, dont le ciel, dans leur infortune, leur a conservé la sagesse, l'expérience et l'entier dévouement.

Il est digne de vos Conseils, Madame, d'adopter la même conduite, d'en dèsirer le même succès. Du reste, s'ils veulent avec moi une querelle judiciaire, nous pouvons très-bien la vider à part; les tribunaux existent pour nous, comme pour nos cliens; quant à moi, je ne la recherche, ni ne la fuis.

NOTE.

Ce n'est qu'après y avoir bien réfléchi, que j'entreprends de reporter entre les avocats tout le scandale de cette cause; il m'est bien démontré qu'il n'y a plus qu'une exclusion commune des conseils respectifs, qui puisse ramener tout aux combinaisons de l'intérêt commun. Je ne pouvais d'ailleurs éviter ce parti, sans trahir la défense qui m'est confiée. Il y a, depuis la mort de M.r de Carignan, une oppression caractérisée sur le jeune Joseph de Savoye; et par-tout où il y a une oppression, il revient un oppresseur. Chacun m'approuvera sans doute de vouloir justifier ici une jeune dame, qui devait naturellement s'en rapporter à ses conseils. Tout retombe donc sur les conseils.

Mais qui désignai-je ici nominativement? Je manque de faits et de notions; et il n'y a que cela qui me fasse tout laisser dans le vague. Je dirai seulement que celui-là ou ceux-là qui a fait ou ont fait supprimer la pension alimentaire de M.r de Carignan, est ou sont les premiers auteurs de tout ce procès, devenu un désastre d'un côté, une diffamation de l'autre; que celui-là ou ceux-là qui on voulu ne rendre un traitement à M.r de Savoye, qu'en le forçant à se réduire à la condition *d'un être mixte entre les enfans légitimes et les bâtards*, est ou sont responsables, en second ordre, de tout ce qui s'est passé et de ce qui se passe encore.

Madame de Carignan a eu deux conseils montés, l'un à Turin, l'autre à Paris; il est sorti de l'un et de l'autre des consultations. J'ai répondu à celle de Paris, avec des égards recherchés pour les noms dont elle est souscrite. J'ai déclaré nettement qu'il me paraissait impossible que de tels hommes eussent décidé ainsi dans une véritable connaissance de l'affaire; je suis bien fondé à le redire, puisque ces jurisconsultes ont laissé ma réfutation sans réponse. Un seul d'entr'eux a eu, l'hiver dernier, une correspondance avec moi. A ma grande surprise, j'ai été forcé d'y reconnaître qu'il persistait dans le plan d'obtenir, avant tout, un *désistement de droits*. J'ai fait connaître à ce jurisconsulte, dans un écrit public, que je ne voyais, dans ce systême, qu'une tirannie odieuse, qu'une marche indigne de l'approbation d'un avocat, qui avait tenu à l'ancien bareau de Paris; en effet, j'ai vu plusieurs fois, dans ma jeunesse les honorables consultans de ce tems-là refuser leur secours à des causes, qu'on pouvait gagner, quand ils les jugeaient mal-honnêtes en elles-mêmes et conduites par des moyens qui blessaient la conscience et l'honneur. Or rien de plus indigne que de retrancher une pension de bâtard à un fils légitime dans une maison de Carignan; rien de plus mal-honnête que de la lui retrancher, parcequ'il prétend exercer des droits, que les chefs de sa maison reclament pour lui, à la face de toute l'Europe; parcequ'il veut se prévaloir des moyens et de la qualité dont un arrêté du gouvernement venait de l'armer; c'est ce que j'appelle spéculer sur la misère où l'on retient un mineur, un malheureux jeune homme, qui n'a tout perdu, que parceque ses protecteurs naturels ne sont plus là; une oppression caractérisée.

J'ai dénoncé ce procédé judiciaire aux jurisconsultes, et aux honnêtes gens, dans un écrit imprimé. Celui à qui je faisais ce reproche a gardé le silence; j'en concluds qu'il n'entreprend pas la défense de son sistême; et alors je n'ai rien à ajouter.

Quant aux autres signataires de la consultation, il m'est mpossible de reconnaître dans cet écrit ni leur sagacité en affaires, ni la noblesse de leurs idées sur les convenances des hautes familles, ni les sentimens de la probité commune : tant, dans cette consultation, les raisonnemens blessent la bonne foi et les conséquences violent l'humanité et la justice. Je ne m'arrête même qu'à un digne emploi de leurs talens, comme écrivains ou orateurs, pour croire qu'ils répudient une cause, telle que celle qu'on a faite à madame de Carignan. Je demande, par exemple, à MM. de Sése et de Lamalle s'ils voudraient écrire ou plaider sur le fond de tout ce qui a été écrit et plaidé, depuis que cette affaire a reçu tout son développement ? Pourquoi épargnerais-je ici une observation littéraire, quand elle offre un résultat moral ? Rien ne décrie plus une cause que la répudiation d'éloquence ; c'est qu'elle n'offre rien pour la raison, pour la justice, pour l'ordre légal, pour l'honnêteté publique, pour les bons sentimens ; c'est qu'elle ne laisse à faire valoir que des subtilités et des rigueurs de palais. Or, dans l'ancien bareau de Paris, les hommes distingués ne compromettaient pas leur réputation dans de pareilles causes.

La déclaration que je viens de faire ne peut donc plus se rapporter qu'aux conseils de mad.e de Carignan, à Turin. Je ne connais ces MM. que par la bonne réputation dont ils jouissent. Mais elle ne les a pas sauvés d'une grande méprise et d'une marche coupable dans cette affaire ; et une fois embarassés dans une mauvaise route, ils ont eu l'orgueil, tant pour eux que pour madame de Carignan, de ne vouloir pas en démordre : tout ceci se reduit à de l'entêtement, a de la colère contre celui qui avoit en sa faveur d'avoir, dès l'origine, démélés le vrais principes de cette cause; peut-être à une secrete envie de ne pas accorder un avantage à ce qu'on appelle un *avocat Académicien*, et même à un *avocat Français*. C'est ainsi que les petites passions se mêlent à tout et enfantent souvent de grands maux. Le remède à ceci est de nous retirer les uns les autres de cette cause, d'en abandonner la solution à des assemblées de famille.

J'aurais bien des choses à dire aussi sur le jugement du tribunal de première instance : il semble n'avoir été conçu, que pour laisser M.r de Savoye à la merci de ce que ses adversaires voudront faire de lui.

On se déclare incompétent sur sa demande d'un traitement apanager, par des motifs absolument faux; quoique cette incompétence naisse des caractères fondamentaux de la cause.

On y affirme que l'arrêté du conseil laisse subsister la question sur la qualité princière; quoique, dans l'arrêté, cette qualité soit formellement reconnue; et on avertit le domaine, qu'il peut se mettre à la place de l'héritier du sang; on présente un appas au fisc, pour invalider une decision consulaire.

On feint, qu'il n'y avait pas dans la cause une demande en réintegration des pensions des rois de France et de Sardaigne, pour se dispenser d'y faire droit; on ne rétablit pas même la pension alimentaire de M.r de Carignan.

On n'accorde une provision que sur la succession de la princesse Charlotte, où il n'y avait pas de conclusions: et cette provision est de 12000 f., lorsque l'état apparent de l'hoirie en permettait une de 50,000.

Enfin *on compense les dépenses* de cet incident: je trascris ici ma note sur ce dernier prononcé.

„ Quoi! Vous convenez qu'il m'est permis de préten„ dre succeder à mon père, comme tout autre enfant „ légitime; qu'il est possible que je prouve une *lésion* „ dans la rénonciation de mon père; que j'ai eu autre„ fois des traitemens; que *beaucoup de motifs d'équité* „ se réunissent pour me faire rendre quelque chose? „ Vous préjugez que j'ai des droits assez considérables „ sur une succession collatérale; qu'on a violé toutes les „ regles dans les comptes, qu'on m'en présente: et entre „ le dénuement de l'un et l'opulence de l'autre, entre „ celui qui demande du pain, et celui qui en refuse, „ *vous compensez les dépens*! Ces juges ci évitent les moyens „ de venir au secours de l'opprimé, comme ils devroient „ les chercher! De pareils jugemens, s'ils pouvaient se „ répéter, feraient la même horreur aux hommes encore „ bons et simples, que ces livres déshontés où l'on

„ prêche le mépris de tous les sentiments naturels et la
„ violation de toutes les maximes de l'honneur. Ce juge-
„ ment est vraiment digne de tous les écrits, qui ont
„ paru pour madame de Carignan. Cet esprit de palais,
„ qui affecte de se séparer du bon sens et de la con-
„ science, les guides honorables des autres hommes, qui
„ n'admet plus les pures notions du juste et de l'honnête
„ dans l'application des lois, mérite d'être surveillé com-
„ me un grand danger pour la moralité publique.

„ Je rends graces aux Dieux de n'être pas Romain,
„ Pour conserver encor quelque chose d'humain.

Tout ce qui vient d'être dit ou serait dit ailleurs sur le jugement de prèmiere instance ne peut être appliqué a M.r le président Nicolay, qui s'est montré dans cette affaire, comme dans toutes le autres, un magistrat sage, juste, éclairé, et dont l'avis a été absolument mis à l'écart par la prépondérance des deux autres juges.

Ainsi des quatre, qui ont connu de la cause, deux ont employé tous leurs efforts, pour une convenable justice; le président et le commissaire du Gouvernement; je serais honteux d'un plein succès pour mes Clients, s'il avait été obtenu contre l'avis de ces dignes Magistrats.

Le curieux de la chose, c'est que l'appel soit interjetté par nos adversaires.

LETTRES DIVERSES.

Madame de Carignan Ville-franche vient de m'envoyer plusieurs lettres, qu'elle avait reçues de la cour de Turin en 1795 et 1796, à l'époque où elle put revenir à Paris, au sortir de la terreur, et communiquer avec la famille de son fils. Je me borne à en copier trois ici, non parcequ'elles disent plus, mais parcequ'elles sont les plus courtes.

Elles offrent un étrange contraste entre ce que voulait alors toute la famille, et ce qui a été fait sous le nom de madame de Carignan.

Elles ne signifient rien, quant aux droits qu'on discute aujourd'hui: on ne les avait encore examinés de l'un ni de l'autre côté; un intéressant malheur, une généreuse protection; voilà tout ce qu'on y trouve.

Laissons s'exprimer eux-mêmes les personnages:

LETTRE

DE M.r DE REVEL A MAD. DE VILLEFRANCHE.

Paris 24 juillet 1796.

Il m'est bien doux, madame, de pouvoir vous donner l'assurance de ce que j'avais eu l'honneur de vous annoncer des dispositions où la cour serait de s'occuper de vous procurer et à M.r votre fils un sort digne de vous à tous égards.

M.r le chevalier Tonso, m'écrit: „ je parlai dans cette „ occasion du jeune et bien intéressant chevalier de Savoye et de sa respectable mère, de leurs malheurs „ passés et de leur situation actuelle ; le prince de „ Piémont voulut faire venir la princesse, pour entendre ce „ récit et ils m'assurèrent les larmes aux yeux de toute „ la protection en leur faveur ; ayant eu l'honneur de „ suggérer qu'ils viennent ici, ils m'ont promis qu'ils le „ feront certainement et bientôt. Le roi m'a témoigné les „ mêmes dispositions favorables ; le prince, la princesse de Carignan sont pleinement d'accord à cet égard,

„ Vous pouvez leur annoncer cette affaire comme arrêtée.

Madame la princesse de Carignan a confirmé ses intentions et celles de son fils dans une lettre a M.r Courtois, de sorte que je vous félicite, madame, et M.r le chevalier votre fils d'un événement, dont la bonté de nos princes ne me permettait pas de douter.

Permettez que M.r votre fils trouve ici l'assurance de mes hommages; et recevez, je vous prie, celui de tout le respect avec lequel j'ai l'honneur d'être.

Madame,

Votre etc.

LETTRE

DE MAD. JOSEPHINE DE LORRAINE

PRINCESSE DE CARIGNAN

AU CHEV. DE SAVOYE.

Les occasions sûres pour écrire à Paris, mon cher Chevalier, étant rares, et la nécessité où j'étais de prendre les ordres du roi et de concerter avec lui ce qu'il serait possible de faire pour vous, m'a fait différer plus que je n'aurais voulu à vous assurer de mon tendre intérêt et de celui de mon fils, et à vous en donner toutes les preuves que nous désirons, ainsi que du désir que nous avons d'adoucir tous vos malheurs. Mais j'espère que les circonstances m'en mettront bien-tôt plus à portée, en vous ayant près de nous. J'écris donc à madame votre mère, pour en prendre avec elle les moyens. Vous recevrez d'elle, en attendant que j'aye le plaisir de vous voir et de vous prouver la tendre amitié, que vous avez tant de droit à m'inspirer, l'assurance des sentimens avec lesquels je suis pour la vie,

Mon cher Chevalier, votre très-affectionnée amie,

Turin ce 9 août

Signée, J. De LORRAINE,
Princesse De Carignan.

La lettre à la mère dit les mêmes choses, avec plus de détail et sur le même ton d'intérêt et d'amitié; elle est aussi souscrite: *Votre affectionnée amie.*

LETTRE

DU PRINCE DE CARIGNAN.

J'AI lu avec le plus vif intérêt, mon cher trè-cher enfant, le détail de vos malheureuses circonstances. Votre situation excite toute ma sensibilité, et j'espère de les voir bien-tôt changées. Je m'en occupe essentiellement, me flattant que sa majesté me mettra en position de vous donner des preuves, ainsi qu'à madame votre mère, de mon tendre attachement. Adieu, mon cher Chevalier, je vous embrasse de tout mon cœur et je suis votre bon ami et affectionné serviteur,

Turin ce 30 juillet 1795.

Signé, CHARLES DE SAVOYE.

NOTE.

On reconnaît, dans ces simples billets, le bon cœur des diverses personnes qui écrivent ou dont on parle. Je ne m'arrêterai que sur ce qui regarde madame de Carigan *Lorraine*, autrement madame la princesse *Josephine*.

On croirait peut-être que c'est une ancienne bienveillance, qui retrouve tout naturellement ces expressions du cœur. Point du tout; elle n'avait jamais vu, et même n'avait jamais voulu voir ni madame de Ville-franche, ni son fils.

Je demande pardon de mêler de petites anecdoctes à une affaire très-sérieuse. Cependant on n'entendra jamais bien celle-ci, sans la connaissance de ce qu'on appelle *les dessous de cartes*.

La permission des rois pour le mariage du prince Eugêne fut sûrement un acte de bonté; mais il s'y mêla aussi des vues politiques. On ne voulait pas laisser passer l'apanage à une seconde branche; de-là la rénonciation de 1779, qui était vraiment une interdiction du mariage pour ce jeune prince, à moins qu'il n'y eut extinction de la branche aînée. On suivit le même plan, en lui accordant un mariage inférieur; il garentissait de tout autre, et il permettait de disposer plus aisément des enfans. Le prince lui-même avait offert cet engagement; et son fils fut attaché à l'ordre de Malthe, dès son berceau; la solemnité des lettres-patentes sur sa tutelle fut destinée à le conduire à tout, dans l'ordre, même à la grande maîtrise, qui était une souveraineté. Telle était la pensée des rois.

Elle n'était pas du tout celle de deux jeunes dames de la famille, mesdames de Lamballe et de Carignan. Elles aimaient beaucoup leur frère, et regrétèrent toujours amèrement pour lui un mariage riche et illustre. L'humeur se mêla à la hauteur; et jamais madame de Ville-franche ne fut admise près d'elles; elles éloignèrent jusques à leur neveu. Peut-être se défiaient-elles d'elles-mêmes, et craignaient-elles de se voir entrainer à démentir la fierté par la bonté, en adoptant, plus qu'elle ne voulaient, leur jeune belle-sœur, et en finissant par placer une demoiselle *Magon* entre le sang de Savoye et celui de Lorraine. Leur belle-sœur conçut qu'elle avait un déplaisir à leur épargner; et cette pensée fut pour elle le dédommagement des rigueurs. Rien ne lui était plus facile; nulle jeune femme de ce tems-là ne fut jamais plus près de la vanité par sa position, et plus loin par son caractère. Il est vrai qu'elle porte la fierté à l'excès sur un autre point; on l'immolerait vingt fois, avant de la faire consentir à laisser perdre à son fils le moindre des droits de son père. Je me rappellerai toujours, avec respect et dévouement, le serment qu'elle exigea de moi, à cet égard, lorsqu'elle partit le printems dernier, mourante, pour les eaux, et n'espérant pas en revenir.

Je reviens à madame la princesse *Josephine.* La situation est changée; et une autre affection se trouve seule dans son cœur. Elle eut refusé obstinément des honneurs, dont en effet on pouvait très-bien se passer; mais dès que son amitié est devenue un asile, elle donne toute son amitié. Il en eut sûrement été de même de madame de Lamballe.

Si ces deux princesses vivaient, leur neveu aurait deux mères de plus, et la sienne, deux amies. Comment a-t-on pu priver madame de Carignan actuelle de ces bénédictions de la reconnaissance, qui l'attendaient? Comment, par elle, une mère et un jeune homme qui lui appartiennent de si près, sont-ils devenus plus malheureux, que sous les proscriptions dè Robespierre; plus délaissés, qu'ils ne l'étaient au moment où toute la maison de Savoye s'émouvait pour eux d'un si touchant intérêt! Croira-t-on, qu'à ce moment même, où il ne reste plus le moindre doute sur leurs droits, où on leur fait des offres, on leur refuse jusqu'au payement des 12,000 ll. qu'ils tiennent de la munificence des premiers juges? Conçoit-on que l'audience du Tribunal d'appel s'ouvrira, pour entendre plaider qu'il faut encore prolonger leur détresse et leur refuser les moyens de vivre et de se défendre? Je vois cela depuis quatre ans; j'en écris, j'en parle tous les jours; et je ne puis encore m'y accoutumer. Ce que je puis dire aussi, comme une chose qui se rapproche de moi, c'est que, dans mon jeune temps, au ci-devant parlement de Paris, des avocats venant soutenir une pareille cause, au nom d'une princesse de Carignan, auraient été bien mal menés du public et écoutés des juges, d'une bien mauvaise oreille. Mais il faut savoir vivre dans son siècle; je vais m'armer de sang froid, pour écouter avec toute la patience, qui me sera possible, les avocats de madame de Carignan. Je me souviendrai d'ailleurs d'un tort réel de M.r de Savoye, d'un tort outrageant pour certaines vanités, bien plus intraitables que celles des grandes dames d'autrefois, celui d'avoir des droits et d'être parvenu à les mettre dans une complette évidence.

LETTRE

DU CITOYEN LACRETELLE

AU CITOYEN

L'ADMINISTRATEUR GÉNÉRAL.

Citoyen Administrateur Général,

Je ramène encore le jeune Savoye Carignan dans les tribunaux; il faut bien que j'y poursuive mes adversaires, comme dans leur dernier retranchement; mais je n'y avancerai que comme dans un pays étranger, ne me détachant jamais ni de la jurisdiction, ni de la protection du vrai juge, dont vous êtes le premier mandataire; vous rendant compte de tous mes pas, et vous invoquant encore dans les embarras de la fausse marche où je me vois condamné. Dans cet esprit, je vais marquer encore ce procès d'une singularité de plus, en vous prouvant qu'il est de votre devoir de vous porter hautement et efficacement, comme le régulateur du jugement. Je me fonde à cet égard sur des actes, sur des droits, sur des considérations d'un ordre supérieur.

SUR DES ACTES. Ce n'est pas à un esprit aussi éclairé que vous, qu'il est nécessaire de montrer les caractères distinctifs de *l'arrêté* du conseil d'état, dans cette cause ; il n'est pas un simple renvoi en justice réglée ; c'est une délégation manifeste d'une jurisdiction, que le gouvernement n'avait pas jugé dans ses convenances d'exercer. Un renvoi ordinaire n'a point de *considérant* ; ou les considérant ne motivent que l'incompétence : ici, ils ne portent que sur le fond du procès ; il posent des principes, ils affirment des points de fait, ils tracent des règles pour le jugement même ; et les règles tracées naissent à la fois du droit positif et des considérations propres à l'espèce de l'affaire ; ils sont un secours accordé à l'exercice des reclamations d'une personne dans une position à part, qui a perdu son prèmier juge, et à qui on n'en donne un d'un autre ordre, qu'en imposant à celui-ci des lois à suivre : en un mot, l'arrêté du conseil est un mandat dans sa forme, et dans ses dispositions, un avertissement au juge de ne limiter les droits du fils, qu'où auraient cessé ceux du père même. Au tribunal de première instance, on a affecté de ne rien voir de tout cela ; mais cela n'en est pas moins sensible pour quiconque cherche le sens dans les mots et prend les mots par ce qu'ils expriment.

Remarquez maintenant, Administrateur général, la dernière disposition de l'arrêté : *le ministre de la justice est chargé de l'exécution.* Le caractère propre de l'arrêté est fixé par là. Cela ne pourrait se trouver dans un simple renvoi; le gouvernement, dans ce cas, ne veut pas connaître de l'affaire; et tout est dit, tout est fait; aucune exécution, à laquelle il faille pourvoir; ici, au contraire, il y a, de la part d'un ministre, à faire observer l'intention du gouvernement, à avertir les juges du sens de l'arrêté, à le leur expliquer, à les y retenir, s'il le faut. L'autorité politique reste toujours présente à l'acte de l'autorité judiciaire; cela est de la nature du renvoi, comme le renvoi lui-même est de la nature de la cause.

Or, Général, qu'êtes-vous, en votre qualité d'Administrateur général, dans la 27.me division militaire? Le représentant du gouvernement, le délégué de chaque ministre, dans chaque attribution ministérielle. Irai-je m'adresser au grand juge, lorsque vous êtes ici pour remplir sous lui sa délégation? Il me renverrait à vous; je préviens cette marche et je viens à vous; veillez à la saine, à la complette exécution de l'arrêté du conseil d'état.

Une circonstance particulière se rencontre ici: je ne poursuis pas devant le tribunal la demande en révocation de l'acte de 1779; je la réserve pour un autre juge; et peut-être n'aurai-je pas besoin d'exercer cette action; par là, l'arrêté du conseil d'état n'est plus applicable à la cause, que dans quelques parties accessoires; veillez toujours à sa saine et complette application, dans les points où elle peut encore avoir lieu.

Par exemple, je me présente comme *héritier*, *représentant*, *successeur* de mon père, *en tous droits*; veillez ce qu'on ne vienne plus remettre en doute cette qualité, qui m'a été reconnue par le gouvernement; ainsi que la fait le jugement de première instance, contre tout droit, toute bonne foi, toute raison.

Je forme une demande en traitement sur l'apanage de la famille; et je prétends que nulle délégation n'étant faite au tribunal à cet égard, il ne peut en connaître; parcequ'au régulateur seul du domaine national, il appartient de constituer une charge sur un apanage; quoiqu'il appartienne au tribunal de me reconnaître le droit sur ce point, qui résulte de ma qualité. Veillez à ce qu'on repousse la prétention de mes adversaires, de me faire débouter d'une pareille demande, en justice ordinaire.

Je demande au tribunal de ne rien prononcer qu'en dehors de toutes les questions relatives, soit à la renonciation de mon père, soit à mon traitement sur l'apanage; de s'arrêter à la réintégration dans les pensions que j'avais reçues des rois de France et de Sardaigne; et d'en ordonner le remplacement sur les biens du Piémont, à l'exemple de ce qui a été jugé pour deux bâtards, dans la même famille. Veillez à ce qu'on statue sur cette demande; ce que n'ont pas voulu faire les premiers juges, sans même donner de motifs et de couleurs à cette omission dans leur prononcé : veillez à cela, car les contestations existantes entre les deux branches de Carignan sont renvoyées devant les tribunaux ; et s'il est une compétence certaine pour les tribunaux, dans cette cause, c'est pour maintenir un acte incontesté de l'autorité préexistante ; c'est pour rétablir une possession ; c'est pour appliquer à un enfant légitime une chose irrévocablement jugée pour deux bâtards.

Je me fonde aussi SUR DES DROITS, que vous avez à maintenir pour le gouvernement.

C'est un principe inviolé jusques ici dans le droit Français, qu'il n'admet pas de mariages réels, de deux espèces. Un mariage, suivant les lois, est légitime ; un mariage, contre les lois, n'en est point un ; il est nul et sans aucun effet. Que vient-on plaider dans cette cause ? Vous êtes bien né d'un mariage légitime, d'un mariage autorisé par les rois ; mais frappé par eux d'une dégradation spéciale ; il vous donne droit à un partage dans des biens libres ; mais il vous exclut de toute action sur une possession honorifique, telle qu'un apanage. - Sur quel mariage, dit-on cela ? Sur un mariage solemnisé avec toutes les formalités des lois Françaises. Où, dit-on cela ? Dans le Piémont, devenu partie intégrante de la France. Et remarquez que ce n'est pas un principe né de la révolution que j'invoque ; il appartenait à la monarchie même ; il était aussi ancien qu'elle.

Aumoins, si cette prétendue exclusion avait reçu, par l'autorité des rois de Sardaigne, une application, seulement indirecte au jeune Savoye Carignan ; si elle avait quelque chose qui ressemblât à une chose préjugée ; je concevrais qu'on entreprît de l'opposer à la loi actuelle, comme un acte d'un pays alors étranger, d'un tems antérieur, qu'on ne peut plus ni altérer, ni redresser.

Mais non. Un billet royal n'a parlé de cette loi, que pour en relever le père, qui était le coupable, et non pour en frapper les enfans, au sein de leur innocence. Les rois, à qui seuls il appartenait d'établir cette exclusion, n'ont jamais vu dans le jeune de Savoye qu'un *parent* qu'ils préparaient à toutes les grandeurs ; ils reviennent encore s'expliquer sur ses droits ; c'est pour le désigner à l'Europe comme un *prince de la maison de Savoye*, comme la *branche cadette* de celle de Carignan. Une personne, qui n'a nul droit d'élever cette question toute politique, vient, au sein de la France, devenue république, braver nos lois et nos mœurs, et demander aux tribunaux de constituer, parmi nous, un mariage *de la main gauche*? Certes, il n'est pas à craindre que les magistrats d'appel ne réprouvent avec mépris le doute, dont ceux de première instance ont souillé leur jugement sur ce point. Mais, vous, premier conservateur du droit

Français, vous employerez votre surveillance, pour faire écarter de tout examen cette question même, qui n'est réellement pas admissible dans nos tribunaux.

Si M.r de Savoye est né prince du sang dans la maison de Savoye, tout autant que son cousin, il a droit à un *entretenement* honorable sur l'apanage de sa famille, par le même principe qui en assure la possession a son cousin. Un apanage, étant un démembrement d'une couronne, ne reçoit des lois, n'acquiert des charges, que par le possesseur d'une couronne. Il n'y a plus de couronne ; mais le domaine public la remplace. Accorder un *entretenement* honorable à un cadet sur un apanage, en fixer la quotité, la durée, les diverses conditions, est une prérogative du chef suprême de l'état ; à laquelle personne ne peut attenter, qui doit rester aussi libre qu'elle est inviolable. Comme représentant du gouvernement, vous ne souffrirez pas qu'on vienne encore plaider, *qu'il n'est dû chose quelconque* à M.r de Savoye, lorsque le premier consul, s'il n'aime mieux s'en rapporter, à cet égard, à la décision du chef de la famille, ou déférer à son vœu, a le droit de déterminer ici la part du cadet, selon sa justice, sa protection, sa munificence et même sa politique.

Général Administrateur, je vous confie ici des pensées, qui se rapportent à la mission que vous remplissez ; elles sont dignes de l'élévation de votre esprit, comme de la sagesse de votre zèle; je crois qu'en vous donnant un nouveau droit d'intervenir, par une instruction, dans cette cause, elles vous présentent des devoirs à remplir.

Enfin vous devez être fidelle à un de vos actes, sanctionné déja par le gouvernement, et défendre le droit que vous avez voulu maintenir au gouvernement. Vous avez jugé que l'affaire revenait nécessairement à l'autorité consulaire, par la nature des demandes discutées en première instance, encore plus que par le prononcé du tribunal. Cependant madame de Carignan prétendait faire lever une opposition que j'avais faite à la caisse de la dette publique sur le payement des rentes apanagères à solder à son fils; elle prétendait obtenir la main levée d'un droit inhérent à ma qualité et à mes demandes, par le même tribunal, qui venait de se déclarer incompétent pour en connaître. Vous avez senti que cette inconséquence, si elle pouvait échapper au tribunal, attaquerait la prérogative du gouvernement, de juger seul sur un traitement apanager; vous avez déféré la question au ministre de la justice et à celui du trésor public; et en maintenant provisoirement mon opposition, vous avez défendu au payeur d'obtempérer à toute autre décision, que celle qui émanerait du gouvernement. Les deux ministres ont approuvé votre mesure; et l'un d'eux, celui du trésor public, a enjoint au payeur de s'y conformer. Rien ne peut être statué, à cet égard, par le tribunal sans vous et qu'avec vous. Vous avez donc par là une intervention nécessaire dans l'examen de cette cause ; vous avez à vérifier, avec le tribunal, ce qui reste encore de son attribution par l'arrêté du conseil d'état et ce qui ne peut y être compris. Vos lumières et les siennes réunies feront un heureux concours pour une juste solution de cette affaire, qui jusques ici a présenté tant d'embaras.

Je dois ici, tant pour le tribunal que pour vous, poser le système de mes demandes.

Si la branche aînée de Carignan, soit par la tutrice seule, soit par l'intervention d'un conseil de famille, que j'ai le droit de réclamer pour répondre à mes propositions, se rend enfin à la justice, à la raison, à l'intérêt commun ; si elle consent d'une part à me mettre à l'instant en jouissance des offres récentes qui viennent d'être déclarés, sous les réserves que j'ai faites ; et si de l'autre, elle consent à nous retirer, avec l'agrément du gouvernement, devant le chef de la famille, pour passer, sous son autorité arbitrale, une convention définitive, et la rapporter au gouvernement, pour en obtenir la sanction, et lui demander d'en faire un article additionel à l'art. 8 de la capitulation de l'an 7 ; mes offres, à cet égard, tiennent toujours et il n'y a plus de procès.

Mais si la branche aînée de Carignan se refuse à cet arrangement, qui consilie tous les intérêts, tous les devoirs, tous les droits ; je revoque mes offres à mon tour ;

et je demande que le tribunal prononce provisoirement sur la réintégration des traitemens assignés en France en 1785 ; en vertu du titre, de la possession, de la chose jugée en cas pareil et moins favorable ; et que sur la question et la fixation du traitement apanager, il renvoye les parties devant le gouvernement.

Je crois que ces conclusions laissent la cause dans ses caractères d'exception ; et qu'en même temps elles la raprochent des points de vue, sous lesquels chacune des autorités, qui en doivent connaître, peut y accomplir l'office qui lui est propre.

Tout le monde convient que l'affaire appartenait originairement à la jurisdiction des chefs rois de la famille, régulateurs nécessaires d'ailleurs de tout ce qui concernait un apanage ; rien ne peut lui ôter ce caractère, puisqu'il est fixé dans les actes. Mais aujourd'hui l'autorité de famille est au déhors ; il ne reste plus au dedans que le pouvoir régulateur d'un apanage ; et ce pouvoir a fait une délégation de sa jurisdiction à un tribunal.

Qu'a donc à faire le tribunal ? Laisser la cause telle qu'elle se présente ; y faire ce qui lui appartient ; réserver à une autre autorité ce qui n'est propre qu'à celle-ci.

Des actes émanés de l'autorité originaire, subsistent ; ils offrent tous les caractères de titre, de possession, de chose jugée. Tout tribunal est essentiellement conservateur des titres, des possessions, des choses jugées.

Celui d'appel, à Turin, est donc spécialement préposé ce devoir, puisqu'il a reçu une délégation express pour faire justice dans cette cause; il ne peut s'y ref ser que dans une partie, sur laquelle ne s'étenderait p la délégation; il est saisi même provisoirement du tou jusques à ce qu'il ait reconnu et déclaré son incom tance, sur une portion de la cause.

Tout veut donc qu'il prononce sur l'action possessoi et provisoire que j'exerce devant lui; il ne fait qu'a complir le mandat que le gouvernement lui a donné; il réserve intacte la prérogative du gouvernement, qui s'applique qu'à un autre objet.

Cependant un principe judiciaire, que je ne contes pas, paraît opposer ici une difficulté; mais elle n'e qu'apparente.

Nul juge ne peut prononcer un provisoire, quand ne peut prononcer sur le fond; et deux exemples, da la cause même, viennent confirmer cette règle.

1.° On demandait une provision devant le cons d'état; elle a été refusée, malgré le vœu émis a c égard par le ministre des rélations exterieures; parc que le conseil d'état n'a pas jugé des convenances gouvernement, qu'il exerca par lui même la jurisdicti du chef de famille.

Je réponds, sur ce première exemple, que le cas tout-à-fait différent, quant au tribunal.

D'abord, le gouvernement ne voulait se saisir de la cause, aucunement; au contraire, le tribunal est saisi de toute la cause, moins la partie sur laquelle il aura à établir son renvoi.

Ensuite, le gouvernement s'est désaisi du tout, au lieu que le tribunal n'aura à se désaisir que d'une portion des demandes.

Le second exemple est sorti du tribunal de première instance; on lui demandait, au principal: un traitement sur l'apanage, et provisoirement, une provision. Il a refusé la provision, ne pouvant statuer sur le principal.

Le tribunal aurait bien jugé, si on ne lui avait demandé une provision, que sur le fond de l'apanage, lequel ne peut être grêvé que par l'autorité gouvernante. Mais elle était demandée sur le plus clair et le plus certain des revenus de la maison de Carignan; ce qui n'est point la même chose. De plus, on indiquait, comme titre, pour la provision, indépendemment du droit sur l'apanage, la possession incontestable et fondée en titre, des pensions de France. Ces pensions pouvaient et devaient être rétablies provisoirement, dans le sistême même du jugement; parce qu'elles sont un tître, un droit à elles seules, une possession qui se détache de tout, et qui a sa force en elle-même.

En effet il n'y aurait plus d'apanage dans la maison de Carignan, que ces pensions seraient encore dues à M.r de Savoye; il ne serait qu'un batârd, qu'elles formeraien encore pour lui un tître pareil à celui qui a été ré tabli pour le chev. de *Raconis*, par arrêt du Sénat d Turin; enfin il aurait été jugé contre lui, que la ré nonciation de son père est irrévocable ; que ses pen sions subsisteraient encore, parcequ'elles sont posté rieures à la rénonciation, et qu'elles sont pour lui au moins une dotation de convenance, par une juris dictio compétente et reconnue; dotation que rien ne peut plu lui enlever; une charge constituée pour une cause qu subsiste toujours: son existence convenable et celle de s mère; laquelle charge n'étant plus acquittée sur un espèce de revenu, doit être reportée sur une autre, ains qu'il a été jugé pour le chev. de *Raconis* et madam de *S. Maurice*.

Ce que n'a pas voulu faire le Tribunal de premièr Instance, est ce qui doit être fait par le Tribunal d'Ap pel; c'est lui qui saura distinguer deux demandes, tou tes différentes; dont l'une est de son attribution et l'au tre n'en est pas; dont l'une n'est appellée *provisoire*; qu parcequ'elle laisse un fond à juger ailleurs.

Voici une autre difficulté, encore plus facile à écarte Le fonds le plus certain pour le payement des pensions des arrérages et de la succession de la princesse *Char lotte*, est les rentes apanagères; lesquelles offrent aujour d'hui une masse de 345,000 ll. à recevoir dans l'année c'est un fonds privilégié, affecté uniquement à des ayan cause sur l'apanage. Le Tribunal, d'après l'espèce de mes demandes, peut-il en ordonner le solde sur les rentes apanagères ?

Il n'est pas même question du traitement apanager réclamé ; il n'est pas encore réglé. Ceci est un droit séparé. Voilà ce qu'on peut objecter.

Mais toujours est-il qu'il s'agit d'une dette pour la dotation d'un *successeur*, *héritier*, *représentant* du prince Eugène, lequel était incontestablement prince apanager dans la maison. Ce titre lui est donné dans un jugement du conseil d'état, revêtu de l'approbation des Consuls, sur un débat contradictoire, relatif à cette qualité même.

Il n'émane pas moins des lettres-patentes de 1788, enregistrées au parlement de Paris, avec convocation des Pairs de France; où, si Joseph de Savoye n'est point considéré comme prince apanagiste, attendu qu'un ne voyait alors en lui qu'un chevalier de Malte, destiné à toutes les grandeurs de l'ordre; il est néanmoins présenté, *quant à sa naissance et à son rang*, comme enfant de la maison de Carignan, parent des deux rois, qui organisent sa tutelle.

Enfin ces deux titres reçoivent encore toute l'explication qu'on peut désirer, par les lettres des deux rois de Sardaigne, dont l'un le dénomme *Prince de sa maison*, et l'autre *branche cadette de Carignan*.

La dette envers lui se reportant nécessairement à sa qualité, peut et doit déjà être prise sur l'apanage. Il en est de même de la part qui lui revient dans la succession de la princesse *Charlotte* ; car celle-ci était égalemenr une fille de Carignan ; et la principale partie de sa succession vient d'un capital sur sa dot.

J'ose vous demander, citoyen Administrateur général le poids de vos représentations sur ces principes de la cause, parce qu'ils servent essentiellement une de vos vues, un de vos devoirs, celui d'en épargner la connaissance et la décision au gouvernement. Une fois le rétablissement des pensions ordonné par le Tribunal, il ne reste plus à régler que les droits généraux des deux branches de Carignan ; et vous ne doutez pas plus que moi, que le premier Consul ne prenne le parti de tout renvoyer, à cet égard, au chef de famille, sauf la ratification qui lui appartient : juste égard, qui indépendemment d'une noble politique, rentre encore dans les convenances personnelles du chef d'un superbe empire appellé par sa gloire et sa haute position à fonder aussi pour les siècles, une illustre famille : par là ce procès si embarassé, si embarassant, se réduira pour le gouvernement à une simple opération diplomatique.

Je vous invoque enfin par des CONSIDÉRATIONS d'un ordre supérieur : ici, Général, je me félicite de l'avantage de parler à un homme de votre caractère, d'un esprit assez élevé, pour concevoir qu'il est des choses qu'il faut juger dans son ame, des devoirs qu'on n remplit qu'avec son ame; que la justice se perfectionne dans la bonté et la sagesse dans la générosité. Daignez-vous recueillir, avec toutes les qualités de votre cœur et de votre esprit, sur le tableau de cette cause; et vous reconnaîtrez que de toutes parts elle réclame l'intervention du représentant de l'autorité politique.

Un trône s'est effacé dans le Piémont: le Piémont est devenu la 27.ème division militaire de la France: de-là uniquement ce procès. Quelles sont les personnes qui contestent? Des princes encore, dans un pays où il n'y a plus de nobles. Ils sont tels par une destinée irrévocable; ils ne peuvent être autres, ni par leur volonté, ni par aucune disposition sur eux. Le droit de cité n'existe pour eux que par une convention spéciale; et il se réduit à une juste et convenable hospitalité. Quelle est la nature de leur fortune? Un genre de possession, dont l'état est le seul propriétaire, dont on ne peut déterminer l'espèce, qu'en lui conservant un nom étranger à tout l'ordre actuel. Comment ce procès se produit-il dans les tribunaux? Par un mandat du gouvernement. Comment, avec un mandat du gouvernement, ne sait-on comment le prendre, comment le manier, comment le résoudre dans les tribunaux? Parceque tout n'a pas été prévu, tout n'a pas été réglé dans le mandat; parce que le tribunal, qui va en connaître, n'est pas assez séparé de lui-même; parce qu'il n'est pas assez une simple commission ; parce qu'il n'a pas un pouvoir assez libre, pour exercer ou une précédente jurisdiction royale ou une prérogative nécessaire du chef du gouvernement nouveau. Pourquoi ce procès a-t-il enfanté un des plus profonds malheurs ? Parce qu'entre de proches parens, les uns se sont trouvés affranchis, et les autres privés du pouvoir, qui maintenait leurs droits réciproques. Pourquoi ce malheur est-il en même tems une des plus révoltantes oppressions ? Parce que cette absence ou cette interruption du pouvoir réfrénateur et protecteur a fait naître la pensée au parent riche de dire au parent pauvre : *Tu moureras de faim, ou tu me vendras tes droits, au prix que je veux bien y mettre.*

C'est là le flétrissant phénomène qu'a pu offrir une famille, autrefois si noble dans ses conventions domestiques, qui, en perdant ses grandeurs, devait davantage se ratacher à sa dignité ; parce qu'un mauvais tems est venu, cette époque déplorable qui suit les désorganisations sociales ; où tous les sentimens généreux s'éteignent ; où les lois de l'honneur ont disparues ; où l'opinion publique n'est ni un appui, ni un frein ; où, sans énergie et sans couleur, comme les mœurs, elle déshérite également le bien, de l'estime, et le mal, de la honte.

Général ; vous appartenez à l'époque actuelle, par vos services ; mais vous êtes encore de celle qui avait précédé, par vos sentimens habituels, par d'honorables souvenirs : on le voit, on le sent dans les conseils infructueux que vous avez donnés à madame de Carignan. En digne représentant d'un gouvernement, qui veut nous rendre l'honneur, comme le repos; profitez de ce procès, si tristement mémorable, pour retremper nos âmes dans des affections, que nous ne connaissons plus. Raprenez-nous du moins la noble protection, que doit tout gouvernement à celui qui ne peut obtenir justice.

Ecoutez, à cet égard, ce qu'un roi prescrivait à son ministre :

„ Il s'appliquera particulièrement et charitablement à „ soulager les opprimés et ceux qui sont dénués d'appui ; „ il protégera les veuves, les pupiles, les orphelins et autres „ personnes misérables ; il assistera vigoureusement ceux „ qui ont point d'obtenir justice, parcequ'ils plaident con- „ tre des personnes riches et accréditées, et nous rendra „ compte de ces vexations et oppressions.

Vous croyez peut-être que ces belles paroles ne sont qu'un conseil, donné une fois, et dans un jour de compassion et de bienfaisance ; non, c'est la pensé réfléchie et constante, c'est le statut d'un législateur.

Vous croyez peut-être aussi que cette loi se reporte bien loin de nous, dans les vieilles nations ; elle a effectivement le grand sens et l'expression naïve des choses antiques. Mais non, elle est d'un tems moderne, du dernier siècle ; elle appartient à ce pays même ; elle fut tracée....

dans le palais que vous occupez aujourd'hui; c'est une loi des rois de Sardaigne; c'est un des devoirs qui composaient l'office de leur chancelier; on la trouve enfin dans la collection de ce qu'on appelle *leurs lois et leurs constitutions*. Le précepte qu'elle énonce est de tous les tems, de tous les lieux; seulement proclamé, dans ce pays, pour ce pays, il y conserve un empire plus particulier.

Maintenant, armé de tout ce qu'il y a d'exprès et de positif dans ce statut des rois de Sardaigne, pour une cause, telle que la mienne, je réponds d'avance à ceux qui viendront vous dire: écartez de vous ces vaines déclamations, qui subordonneraient tout à l'intérêt du malheur, et troubleraient le sévère examen de la justice des émotions de la scène; soyez impassible, comme la loi.

Et moi, qui puis aussi me rendre le témoignage d'avoir toute ma vie médité et recherché les principes, les moyens, le but de la justice, la liaison nécessaire et l'utile accord des opérations de l'esprit avec les bons mouvemens du cœur; je vous dis à mon tour: écartez de vous la fausse sagesse des esprits froids, qui retranchent toujours à la haute sagesse des lois tout ce qu'ils n'en peuvent saisir, et ne savent s'élever à l'impartialité, que par une absurde balance et une coupable indifférence entre ce qui est honnête et ce qui est malhonnête parmi les hommes; adoptez les malheureux, comme la loi; soyez sensible pour eux, autant que la loi même.

La pensée, les expressions de celle que je vous présente sont-elles froides, séches et stériles? Ne vous commandent-elles pas d'élargir toute votre ame, pour le ministère que vous avez à remplir, au lieu de la fermer?

Faites-en, avec moi, l'examen et l'application à cette cause; voyons d'abord pour qui et contre qui elle est faite.

LES ORPHELINS. Le fils du prince Eugêne n'est pas seulement orphelin de son père; il l'est encore de deux monarchies, à la splendeur desquelles il était attaché; d'un cours de choses, qui lui ôtait les droits communs, mais lui en rendait de particuliers: d'une jurisdiction de famille, qui en tout tems, en toutes occasions, était son honorable et précieux asile.

LES PERSONNES MISERABLES. Ah! ce sont bien des personnes misérables, dans toute la rigueur du mot, cette mère, a qui on devait 50,000 ll. d'arrérages sur une pension alimentaire de 8000 ll., et à qui on a supprimé la pension même, depuis quatre ans; à qui on a fait et on prolonge encore une existence, telle que nulle femme, nulle mère ne voudrait recommencer la vie, à la charge d'y rencontrer quatre années pareilles; ce jeune-homme, à qui on a enlevé les moyens de l'instruction de son age, à qui on ne laisse un grand nom, que pour le lui faire porter dans toutes les humiliations d'une détresse extrême.

LES PERSONNES DENUÉES D'APPUI. Celles-ci en auraient

trouvé un'efficace en elles seules, par leur présence au lieu où s'agitait leur cause. Si madame de Carignan recueille un juste intérêt pour ses enfans, partout où on les voit avec elle; il est permis de croire qu'un autre petit fils prince *Louis*, rappellant ses pères dans une noble figure, ne se montrant pas indigne d'eux par un naturel aimable, par une vive ardeur dans la profession des armes, et pouvant, ici seulement, montrer avec orgueil une indigence, qui n'est que l'opprobre de ses adversaires; que sa mère, cette femme d'une destinée si singulière, pour qui, à l'age de quatorze ans, un jeune homme de vingt-deux, *avait bravé et appaisé la colère des rois*; d'une conduite toujours touchante et respectable dans toutes les fortunes; *à qui le ciel ne semble avoir accordé la beauté et la bonté, que pour y trouver la source de ses malheurs*; *épouse d'un prince pendant cinq ans, et pendant douze, frustrée dans la haute famille, où elle fut admise, du salaire d'une servante*; il est permis de croire, que l'un et l'autre, ajoutant à l'effet de leurs propres qualités le poids des augustes intercessions des derniers rois de ce pays, n'eussent pas passé devant le palais de *Carignan*, sans que dans le peuple, dans la ci-devant bourgeoisie, dans la ci-devant noblesse, quelque chose ne se remua dans les cœurs; sans que chacun n'ait dit : *là est votre place : quels sont les barbares qui vous en exilent? Là une part de l'apanage des princes à qui vous appartenez, doit vous fournir une existance honorable.* Je doute que madame la princesse de Carignan, tout armée qu'on nous l'ait montrée de raisonnemens de procureur, ait pu se trouver en face de leur digne pauvreté, sans baisser les yeux, ou par l'impression de la honte ou par celle du respect; je doute, qu'en leur présence, leurs premiers juges, voulant pourtant leur accorder ce qu'on appelle une provision, eussent eu le courage de leur dire: vous aurez 12,000 fr. une fois payés; c'est-à-dire, nous pourvoyons à ce que les huissiers, les greffiers, les procureurs, les percepteurs de l'enregistrement et du timbre ne perdent rien avec vous; quant à vos droits, à vos souffrances, à vos besoins, tout cela restera ajourné.

LES PERSONNES, QUI ONT PEINE D'OBTENIR JUSTICE. Certes, celles que je défends sont dans ce cas où qui que soit n'y fut jamais: des fatalités terribles paralysent pour eux tous les droits, tous les secours, toutes les protections: Ils en sont encore à savoir qui sera leur juge; sans cesse renvoyées d'un pouvoir à un autre, nulle part ne s'est encore trouvé celui qui leur donnera les moyens de vivre et de soutenir leur procès; c'est leur ennemi, qui est le dépositaire de leur fortune; et il prétend en être l'arbitre; et il l'est en effet, tant qu'une autorité répressive ne se placera pas entre l'oppresseur et l'opprimé.

Voyez ensuite si je ne trouve pas moins contre moi

l'espèce des personnes, dont vous avez à réprimer les *vexations et oppressions* !

DES PERSONNES RICHES ET ACCREDITEES. Madame de Carignan possède par elle-même une grande fortune, qui vient, dit-on encore, de s'accroître; et elle dispose d'un apanage de 300,000 ll. de rente, indépendamment des autres biens. On parle sans cesse des dettes, des charges énormes de la maison de Carignan; mais on ne les explique pas, on ne les prouve jamais. Je dois croire qu'elles sont peu considérables, puisqu'un séquestre sur une créance de 345,000 ll., à toucher dans l'année, ne gêne pas assez nos adversaires, pour les réduire à nous accorder un à compte de 60,000 ll.

Quant à leur crédit, je ne le vois nulle part: madame de Carignan vit sans aucune espèce de représentation. Le seul luxe, que semblent lui accorder ses gens d'affaires, ce sont les grands et les petis procès*; et elle vit dans un tel isolement, que, parmi toutes les personnes,

---

* *On peut appeller le grand procès, celui avec M.r de Savoye et le petit, celui avec madame de S.t Maurice; en sorte que, dans deux personnes, portant à des titres différens, le nom de la famille, madame de Carignan fait une guerre de famine tout à la fois à la jeunesse et à la vieillesse.*

des diverses classes, qui m'honorent de leurs bontés, je n'ai pu en trouver une, par qui je puisse lui faire parler, non seulement pour le plus proche parent de ses enfans, mais pour ses enfans, mais pour elle-même, contre ses gens d'affaire.

Toute-fois, n'y a-t-il pas toujours au tour d'une maison comme celle-ci, une masse de serviteurs, de gens de palais, de salariés, de dévoués, d'intéressés de toutes espèces? N'ya-t-il pas ici une faction de troubles et de désordres, ennemie du gouvernement Français, ennemie de la maison de Savoye, ennemie de votre administration, ennemie de toute administration, qui trouve son compte à contrarier tous ces genres de protection, qui se réunissent dans ma cause, qui prétend peut'être faire entrer dans ses moyens et le nom et la fortune d'un Carignan? N'y a-t-il pas aussi dans un trop grand nombre de personnes, je ne sais quel mauvais esprit, bien étranger sans doute à tout ce qui juste, sage et ami du pays dans le Piémont, qui lutte toujours contre tout ce qui tient à la France, qui ne veut pas que le Carignan Français ait des droits, et qu'un avocat Français ait eu raison?

Cependant une cause si juste, si évidente, si complettement éclaircie triompherait encore de tout cela. Mais j'ai à combattre quelque chose de vraiment invincible; c'est l'esprit de chicane, non plus seulement dans ses calculs, mais aussi dans ses vengeances; qui sacrifie également et l'intérêt qu'il combat et celui qu'il veut servir; qui s'exaspère tour à tour, et de la ruine de ses coupables combinaisons, et des offres d'une indulgente consiliation; de tout ce qu'on employe contre lui, soit l'énergie, soit la modération, soit des traités secrets, soit des débats publics; qui veut toujours faire la loi, et ne veut jamais rentrer dans la justice, dans la raison, dans l'intérêt commun. Tel est l'esprit de ceux qui gouvernent la malheureuse madame de Carignan; car c'est une déplorable destinée pour une mère et une tutrice, de ne s'être chargée de l'administration d'une famille, qui avait tant à veiller sur elle-même, que pour y organiser une guerre intestine, par une injustice scandaleuse; d'en avoir renversé les nobles maximes, le vieil honneur, tous les exemples; et de n'en devoir à la fin le salut qu'à ceux-là même qu'elle poursuit avec un aveuglement si implacable.

Général, venez à mon secours, ainsi que le veut la loi.

Appliquez-vous y *particulièrement*; car je suis opprimé; et le cri de l'opprimé, qui monte jusques aux cieux, doit d'abord être entendu des puissances de la terre.

Appliquez-vous y *charitablement*; avec cette chaleur religieuse, qui doit compte de sa bonne œuvre à Dieu, aux hommes, à sa conscience.

Assistez-moi vigoureusement: point de ce zèle faible, qui commence et ne finit pas; mais cette fermeté, qui veut tout ce qu'elle doit, et cette constance, qui accomplit tout ce qu'elle a voulu; ne quittez pas mon oppression, tant que vous ne lui aurez pas assuré allégance et réparation.

Cette loi ne vous paraîtra-t-elle pas encore plus imposante, quand je la souscrirai, à vos yeux, du nom de son auteur? Elle est émanée de ce Charles Emanuel III., dont tant de Français, qui existent aujourd'hui au milieu des grands monumens de son règne, révèrent le sage et puissant génie; qui semble avoir su réunir, pour en composer son art de régner, quelque chose de l'économie paternelle de Louis XII., de la magnificence de Louis XIV., du génie militaire et fondateur de Fréderic II.; et que j'ose proclamer un des grands monarques de l'Europe.

O profonde instabilité des choses humaines! O revers imprévoyable des fortunes politiques! O bizarerie cruelle des événemens! Telle fut la constante justice du règne de Charles Emanuel III., de celui de ses deux successeurs, que jamais put-être aucune oppression signalée n'avait donné lieu à l'application de cette loi, à cette fonction extraordinaire qu'elle vous impose: elle aura lieu aujourd'hui, pour la première fois; et ce sera sous un autre empire, dans un autre gouvernement; pour un jeune homme du nom et du sang de ces princes, contre une oppression, dans sa propre famille! Cette miséricorde du pouvoir public, pour les infortunés les plus obscurs, est aujourd'hui le refuge qu'il implore ; tout son héritage ! Là, seulement se retrouve encore pour lui quelque ombre de protection, dans des lieux, où n'a guère florissait un trône antique, sur les marches duquel était son rang !

Citoyen Administrateur général, j'ai l'honneur de vous demander :

1.° De vouloir bien faire imprimer, en votre nom, toutes les pièces relatives à cette affaire, qui existent dans les bureaux de votre administration : vos lettres à cet égard aux ministres ; celles que vous avez écrites, celles que vous avez reçues de madame de Carignan et de moi ; les comptes rendus et les rapports que vous avez demandés, et sur-tout celui de M.r Tixier.

Ces pièces importent à l'instruction de l'affaire et lui appartiennent.

2.° D'employer votre intervention, comme protecteur spécial, au nom du gouvernement, de l'exercice des droits d'une nature à part de mon client, auprès du tribunal d'appel, pour m'obtenir une audience d'urgence sur la requête que je lui présente et pour qu'il y soit fait droit, par les voies les plus sommaires.

3.° De charger le commissaire du gouvernement, de requérir, dans cette affaire, tout ce que vous jugerez des droits du gouvernement et des devoirs de votre place, en conséquence de l'arrêté du conseil d'état et de la nature particulière de ce procès.

4.° De vouloir bien m'instruire de ce que vous croirez devoir faire ou ne pas faire, sur mes demandes; afin, qu'en cas de besoin, je puisse recourir, dans la protection que je réclame, au grand juge, ministre de la justice et de la police.

Turin, ce 20 pluviôse, an 12.

LACRETELLE, aîné,
Conseil de tutelle
De M.r Joseph de Savoye.

TABLE

Des écrits contenus en cette Collection.

Avertissement . . . . page 3
Lettre du général Menou à madame de Carignan „ 7
Mémoire sur l'état actuel de la Maison de Carignan „ 13
I.re partie : = De la Maison de Carignan, relativement à ses deux brances . . . . . . „ 16
II.de partie : = De la Maison de Carignan, relativement à la Maison de Savoye . . . . „ 42
III.me partie : = De la Maison de Carignan, relativement au Gouvernement Français . . . „ 65
Lettres à madame de Carignan et réponses . „ 77
Réquête au Tribunal d'Appel . . . . „ 89
Lettre de M.r Lacretelle à madame de Carignan „
Note à la suite de cette lettre . . . . „ 116
Lettres relatives au chev. de Savoye en 1796 . „ 124
Pétition du citoyen Lacretelle au général Menou „ 133

ERRATA

Page	Ligne		Lisez
21	15	du prince,	de prince.
id.	18	la qualité,	sa qualité.
id.	20	en mettant,	en mentant.
44	18	1789,	1799.
52	20	pourrait,	pouvait.
57	20	qui tomberaient,	qu'ils tomberaient.
60	19	quels doivent être,	quels devaient être.
113	9	des sermens,	des fermens.
119	13	répudiation d'éloquence,	rédudiation de l'éloquence.
146	25	se reportant,	se rapportant
150	13	qui ont point	qui ont poine.

www.ingramcontent.com/pod-product-compliance
Ingram Content Group UK Ltd.
Pitfield, Milton Keynes, MK11 3LW, UK
UKHW020253250726
13967UKWH00004B/1645